CAMINHO DE INICIAÇÃO
À VIDA CRISTÃ

Terceira Etapa

LIVRO DO CATEQUISTA

Diocese de Caxias do Sul

CAMINHO DE INICIAÇÃO À VIDA CRISTÃ

Terceira Etapa

LIVRO DO CATEQUISTA

Petrópolis

© 2015, Editora Vozes Ltda.
Rua Frei Luís, 100
25689-900 Petrópolis, RJ
www.vozes.com.br
Brasil

1ª edição, 2015.

3ª reimpressão, 2022.

Todos os direitos reservados. Nenhuma parte desta obra poderá ser reproduzida ou transmitida por qualquer forma e/ou quaisquer meios (eletrônico ou mecânico, incluindo fotocópia e gravação) ou arquivada em qualquer sistema ou banco de dados sem permissão escrita da editora.

CONSELHO EDITORIAL

Diretor
Gilberto Gonçalves Garcia

Editores
Aline dos Santos Carneiro
Edrian Josué Pasini
Marilac Loraine Oleniki
Welder Lancieri Marchini

Conselheiros
Francisco Morás
Ludovico Garmus
Teobaldo Heidemann
Volney J. Berkenbrock

Secretário executivo
Leonardo A.R.T. dos Santos

Revisão: Jardim Objeto
Projeto gráfico e diagramação: Ana Maria Oleniki
Capa: Ana Maria Oleniki
Ilustração: Daniel de Souza Gomes

ISBN 978-85-326-5056-6

Este livro foi composto e impresso pela Editora Vozes Ltda.

Sumário

Apresentação 7
Meta a ser alcançada 9
Passos do caminho 9
Orientações práticas 10
Leitura Orante da Palavra 12
1º Encontro: Eis-me aqui, Senhor! 15
2º Encontro: Jesus nos convida para sermos seus discípulos........19
3º Encontro: Ser discípulo na família 23
Celebração de início da terceira etapa 27
4º Encontro: O discípulo vive a fé em comunidade......................31
5º Encontro: A esperança cristã: viemos de Deus e para Ele retornamos ...35
6º Encontro: O discípulo vive sua fé na sociedade.......................39
7º Encontro: Seguir Jesus é viver a solidariedade 43
8º Encontro: O discípulo de Jesus é vigilante 49
9º Encontro: O amor de Deus é tão grande que nos envia seu Filho Jesus ...53
10º Encontro: Jesus nasce no meio de nós. 57
11º Encontro: O desejo de ver Jesus..61
12º Encontro: Campanha da Fraternidade.....................................66
13º Encontro: Jesus é a água viva 70
14º Encontro: Quaresma: tempo fazer escolhas 75
15º Encontro: O discípulo faz a experiência da misericórdia do Pai 81
16º Encontro: Bendito o que vem em nome do Senhor.................86
17º Encontro: Vigília Pascal: Aleluia! 91
18º Encontro: Jesus ressuscitado confirma os discípulos na fé 97

19º Encontro: O ressuscitado envia em missão 102

20º Encontro: O domingo – Páscoa semanal dos cristãos 107

21º Encontro: Os discípulos continuam a missão de Jesus 112

22º Encontro: A comunidade dos discípulos celebra a vida........................116

23º Encontro: Batizados em nome da Trindade 121

24º Encontro: O batismo nos compromete com o outro 125

25º Encontro: Jesus ensina o caminho da felicidade 129

26º Encontro: A força do testemunho 133

27º Encontro: Este é meu Filho amado! 137

28º Encontro: Ser discípulo é comprometer-se na comunidade 142

29º Encontro: O discípulo sabe reconhecer e agradecer 147

ANEXOS 151

Anexo 1: Amo minha Igreja! Sou dizimista... 153

Anexo 2: Vocação: chamado à vida 157

Vigília de Pentecostes 159

Orações do cristão 163

Referências 167

Apresentação

Queridos catequistas!

A Diocese de Caxias do Sul apresenta o livro da terceira etapa do Caminho de Iniciação à Vida Cristã, em conformidade com a linha da dimensão da Animação Bíblico-catequética da CNBB e em continuidade com as etapas anteriores. A equipe de Animação Bíblico-catequética da Diocese sente-se feliz porque está oferecendo um instrumento de trabalho, de estudo e de aprofundamento das verdades cristãs para os catequistas e catequizandos. Deus Uno e Trino seja louvado por meio deste livro que visa o bem dos catequistas e do povo de Deus.

Esta etapa prossegue as duas primeiras. A primeira etapa apre-senta aos catequizandos um itinerário de Jesus Cristo, sua pessoa, seu projeto, o Reino de Deus na vida das pessoas. De maneira simples, mas essencial, ela procura fazer com que o catequizando responda a uma pergunta norteadora: "Quem é Jesus?". O Evangelho de João diz que Ele é o "Caminho, a Verdade e a Vida" (Jo 14,6). Toda a pessoa que faz catequese deve descobrir essas verdades a partir do conhecimento do Mestre, Jesus de Nazaré.

A segunda etapa privilegia as atitudes do Senhor Jesus em favor dos doentes, pobres, famintos, mulheres e crianças. A crescente adesão a Jesus conduz o catequista e o catequizando a assumir atitudes que possibilitem a superação do individualismo, do egoísmo e do consumismo, comportamentos presentes na cultura moderna e pós-moderna. Deste modo a aprendizagem com o Senhor Jesus na história provoca atitudes nos seus seguidores como a doação a Deus e aos outros, a partilha, o perdão. Na cruz, Jesus doou tudo de si mesmo por nós e pela humanidade.

O serviço aponta à mesa da Eucaristia, a qual os catequizandos são introduzidos pela catequese.

A etapa atual, a terceira, diz respeito ao discipulado de Jesus Cristo. O catequizando, tendo presente um caminho percorrido com Jesus Cristo que o conduziu à mesa da Palavra e da Eucaristia, aprofunda a adesão a Ele, por uma nova existência, um estilo novo de ser e estar no mundo onde se vive. O fato essencial é a valorização do discipulado em Jesus de Nazaré que está em comunhão com o Pai e o Espírito Santo. O catequizando vive a sua fé, esperança e caridade na comunidade onde ele está. Ele deverá florescer ações significativas para o bem dos outros. O caminho com Jesus através de uma vivência profunda em nível comunitário do Mistério Pascal expresso pelo ano litúrgico, faz o catequizando assumir em sua própria vida as motivações e o jeito que Jesus viveu, atuou e amou as pessoas. Ele deverá manifestar a beleza de ser discípulo do Senhor no contexto familiar, comunitário e social. Bem se sabe que o discípulo de Jesus é convocado a testemunhar e anunciar aos outros o Evangelho do Reino de Deus. As diversas atividades focalizam o testemunho que se expressam pela alegre pertença a Jesus Cristo e à comunidade cristã.

Almejamos que todos os catequistas façam um bom uso deste material na comunidade, servindo-se dele para conduzir os catequizandos no caminho do discipulado de Jesus Cristo para que permaneçam no seu amor, vivam com intensidade o sentido da missionariedade para levar bons frutos ao mundo. Deus Uno e Trino seja glorificado por tudo e por todos.

Equipe de Animação Bíblico-Catequética

Diocese de Caxias do Sul

Meta a ser alcançada

A terceira etapa da catequese de Iniciação à Vida Cristã situa-se em continuidade com as etapas anteriores.

A terceira etapa, seguindo o método adotado nas anteriores, favorece a experiência do discipulado de Jesus Cristo. O catequizando, tendo já percorrido um caminho com Jesus Cristo que o conduziu à mesa da Eucaristia e à vida eucarística, aprofunda a adesão a Jesus Cristo e ao seu estilo de vida. O foco aqui apresentado é o discipulado. Caminhando com Jesus, na vivência comunitária do Mistério Pascal expresso no ano litúrgico, o catequizando sente-se convocado a, progressivamente, assumir em sua vida as motivações e o jeito de Jesus viver. Sente-se chamado a ser discípulo na família, na comunidade e na sociedade. O discípulo vai se formando para testemunhar e anunciar o Evangelho do Reino. Por isso, as diversas atividades estarão focadas no testemunho que expressa a alegre pertença a Jesus Cristo e à comunidade cristã.

A vida e o ministério de Jesus revelado por Ele nas bem-aventuranças deverá culminar com um grande gesto de caridade solidária, movida pela fé em Jesus Cristo.

Passos do Caminho

a. O catequizando é inscrito na primeira etapa da catequese para a Iniciação Cristã na idade de nove anos, seguindo sucessivamente os quatro anos sem necessidade de novas inscrições.

b. A catequese acompanhará o ano litúrgico, desvinculado do ano civil. Iniciará no mês de outubro.

c. Férias: a partir da metade de dezembro até o fim de fevereiro.

d. O reinício dos encontros, no ano seguinte, ocorre no fim de fevereiro ou no início de março, na primeira semana da quaresma, acompanhando o caminho do ano litúrgico, da quaresma e da Páscoa, dando especial atenção ao tríduo pascal. Segue-se com o caminho do ano litúrgico até a metade de setembro.

e. Na primeira semana de outubro do ano seguinte, continua a catequese com a quarta etapa.

f. Os encontros catequéticos estão elaborados para facilitar a sintonia, o acompanhamento e a vivência do ano litúrgico. Seguem o método "Jesus, Verdade, Caminho e Vida", e desenvolverão atividades e dinâmicas que envolvam os catequizandos, os pais e a comunidade.

g. Os encontros de catequese não terminam com a celebração do Sacramento da Eucaristia e da Crisma, mas continuam após a celebração do Sacramento até concluir o ano catequético.

h. Os pais ou responsáveis devem acompanhar seus filhos no Caminho da Iniciação à Vida Cristã, mostrar interesse, participar juntos nas celebrações da comunidade e ajudá-los na vivência da fé.

i. O espaço *Anotações Pessoais* está reservado para o registro do compromisso ou tarefas, comunicações e lembretes.

Orientações Práticas

a. Chegar antes do horário. Acolher bem os catequizandos e dar a atenção necessária a cada um.

b. Organizar o espaço do encontro, juntamente com o grupo, com bom gosto e, sempre que possível, de forma circular.

c. Colocar sempre em destaque a Bíblia, a vela e a simbologia proposta para cada encontro.

d. Criar um clima de amizade, para que todos possam sentir-se bem. Para isso, procurar dialogar e envolver todos de modo que participem ativamente do encontro.

e. Usar uma linguagem acessível no grupo. Valorizar os dons de cada um. O encontro deve acontecer numa relação de amizade e confiança mútuas, facilitando a experiência do encontro com Jesus. Evitar a linguagem escolar: professor, aluno, sala de aula, aula de catequese.

f. Encontrar meios para conhecer a família dos catequizandos e sua realidade.

g. Preparar-se bem para o encontro, rezar e conhecer o conteúdo que deverá desenvolver com o grupo, organizar a simbologia indicada, prever os materiais a serem utilizados. Prever o que é proposto entre um encontro e outro.

h. Seguir o método proposto no Livro do Catequista, respeitando o tempo litúrgico e zelar pela sequência e observar as indicações no Caderno do Catequizando.

i. Adaptar as dinâmicas e as atividades conforme a realidade e as necessidades do grupo.

j. Utilizar a Bíblia como texto base para todo o processo catequético de Iniciação à Vida Cristã.

k. Prever com antecedência os momentos celebrativos, na comunidade, para que sejam bem preparados e vivenciados. Dessa forma, se fortalecerá a caminhada da comunidade e o entrosamento com o caminho catequético.

l. Fazer sua avaliação pessoal a cada encontro e registrar o que julgar importante para si e para a caminhada do grupo.

m. Enriquecer o encontro com outros recursos disponíveis, sem substituir a relação pessoal, o envolvimento e a participação do grupo.

n. Repetir as expressões, orações e mantras quando for necessário. Estas podem ser feitas pelo catequista com frases curtas e o grupo repete.

o. Utilizar os cantos conforme o desenvolvimento do encontro e adaptá-los à realidade local, utilizando recursos visuais adequados ao grupo.

p. Considerar que o Caderno do Catequizando apresenta espaços destinados a registros que facilitam o processo de reflexão sobre as perguntas e atividades propostas. São espaços de uso livre de modo a permitir que o catequista oriente o seu aproveitamento como desejar.

q. Observar que no final do Livro do Catequista encontram-se anexos com encontros e celebrações optativas a ser utilizadas conforme as comemorações da comunidade, dos meses temáticos ou decorrentes da própria etapa.

Leitura Orante da Palavra

Existem muitas formas de lermos a Bíblia. A leitura como animadores e animadoras da fé em nossas comunidades e na Iniciação Cristã, deve ser: leitura espiritual, leitura comprometida e transformadora. Não pode ser leitura ingênua, moralista ou fundamentalista. Olhando a história dos cristãos do passado e a vivência das pequenas comunidades, aprendemos um jeito novo de nos aproximarmos da Bíblia.

Em nosso livro de catequese para a Iniciação à Vida Cristã, optamos pelo método da Leitura Orante, pois este método ajuda a assimilar o que a Bíblia diz em Dt 30,14: "A Palavra está muito perto de ti: na tua boca e no teu coração, para que a ponhas em prática".

COMO SE FAZ A LEITURA ORANTE DA PALAVRA?

Antes de tudo, a atitude é colocar-se à luz do Espírito de Deus e pedir sua ajuda. São quatro os passos da Leitura Orante da Palavra: leitura, meditação, oração, contemplação.

1º Passo: **Leitura atenta do texto, feita várias vezes**

De acordo com Dt 30,14 "A Palavra está muito perto de ti: na tua boca e no teu coração, para que a possa colocar em prática". Aqui descobrimos o que o texto diz em si mesmo.

O que diz o texto?
- Considerar o sentido de cada frase.
- Destacar os personagens, as imagens, os verbos.
- Repetir alguma frase ou palavra que mais chamou a atenção.

2º Passo: Meditação

É uma forma simples de meditação, um jeito de saborear o texto com cores e cheiros de hoje, da nossa realidade. "A Palavra está muito perto de ti: na tua boca e no teu coração."

O que o texto me diz?

Ruminar, trazer o texto para a própria vida e a realidade pessoal e social.

- O que Deus está me falando?
- Que conversão me pede?
- Atualizar a Palavra para a realidade do lugar, do grupo, do momento.

3º Passo: Oração

O terceiro passo é a oração pessoal que pode desabrochar em oração comunitária, expressão espontânea de nossas convicções e sentimentos mais profundos. "A Palavra está muito perto de ti: ... no teu coração."

Ler de novo o texto.

O que o texto me faz dizer a Deus?

- Formular a oração, suplicar, louvar a Deus, dialogar com Deus.
- Rezar com um Salmo que expresse o sentimento que está em nós.

4º Passo: Contemplação

Olhar a vida com os olhos de Deus. É o transbordamento do coração em ação transformadora. "Para que ponhas em prática" (Dt 30,14).

Contemplar não é algo intelectual, que se passa na cabeça, mas é um agir novo que envolve todo o nosso ser.

A partir deste texto, como devo olhar a vida, as pessoas e a realidade?

- O que devo fazer de concreto?
- O que ficou em meu coração e me desperta para um novo modo de ser e agir?
- Em quê esta Palavra me ajuda a ser mais discípulo e discípula de Jesus?

Eis-me aqui, Senhor!

1º Encontro

— Preparando o encontro —

O início da terceira etapa do Caminho de Iniciação à Vida Cristã convida para abrir o coração e colocar-se atento à Palavra para cumprir o projeto de Deus. Todo ser humano carrega dentro de si o desejo de realização, de felicidade e em especial do sentido da vida. A felicidade é a resposta do encontro com o outro nas suas necessidades. Escutar o chamado de Deus e responder com alegria os desafios e torná-los caminho de vida em abundância.

Objetivo: Aprender a escutar com o coração o chamado do Senhor.

Preparação do ambiente: Dispor de um local que facilite a encenação da passagem bíblica do chamado de Samuel.

1. MOMENTO DE ACOLHIDA E ORAÇÃO

- Acolher os catequizandos com alegria. Destacar a importância da presença pessoal de cada um.
- Iniciar com o sinal da cruz e de mãos dadas rezar o Pai-Nosso.
- Conversar:
  - Quais são os fatos importantes que aconteceram na segunda etapa e as expectativas para a terceira?
  - O que é ser chamado, hoje?
  - Quando somos chamados? Para quê somos chamados?
- Comentar: Vamos conversar sobre a decisão vocacional e sobre a decisão profissional: O que queremos ser no futuro? Como responder ao chamado de Deus?

2. JESUS VERDADE! AJUDA-ME A CONHECER A TUA PALAVRA

- Leitura do texto bíblico: 1 Sm 3,1-10.
- Orientar para encenar o texto bíblico do chamado de Samuel.
- Conversar sobre os personagens: Quem são? O que fazem?
- Pedir aos catequizandos para destacar a expressão, a frase que mais chamou sua atenção.

Para reflexão do catequista

O texto bíblico mostra como as pessoas percebem que Deus as chama para alguma tarefa. Deus chama o jovem Samuel. Saber que somos chamados para uma missão é uma das experiências mais profundas de vida. Samuel era uma pessoa que ajudava na comunidade sob as ordens de Eli. Deus, no entanto, tinha outra proposta de serviço para Samuel: ser um profeta! Quando percebemos que os outros precisam de algo de nossa parte, é um sinal do chamado de Deus. Javé era o nome com que os judeus do primeiro testamento chamavam Deus! Então, quando Javé chama Samuel, significa que já havia chamado muitos e muitas do mesmo modo. Agora é Samuel quem ouve e sente a necessidade de ser profeta para o bem do povo.

Não é fácil discernir se é Deus quem inspira a fazer ou ser alguma coisa na vida! Também Samuel teve essa dificuldade, porque confundiu Deus com Eli! Mas Eli ajudou a perceber que era Deus! Como Eli tinha a experiência de não viver só para si, foi simples ensinar a Samuel que Deus chama para servir também os outros. Deus, pela ação do Espírito Santo, inspira as pessoas a descobrir seu chamado por meio das necessidades do povo.

Como catequizando, entramos no caminho da escuta e do acolhimento do chamado de Deus. Deus sempre chama. Precisamos dar tempo para que ele fale e nós possamos responder: "Eis-me aqui, Senhor!".

> **Documentos da Igreja para a reflexão do catequista**
>
> Deus vem ao encontro do ser humano e lhe fala, como nos diz a carta aos Hebreus: "Muitas vezes e de modos diversos falou Deus, outrora, aos pais pelos profetas; agora, nestes dias que são os últimos, falou-nos por meio do Filho" (Hb 1,1-2). "Mediante esta Revelação, portanto, o Deus invisível, levado por Seu grande amor, fala aos homens como a amigos, e com eles se entretém para os convidar à comunhão consigo e nela os receber" (Dei Verbum, 2). Continua ainda o Concílio afirmando que à sua proposta, Deus espera uma resposta do homem: "Ao Deus que se revela deve-se 'à obediência da fé' (Rm 16,26), pela qual o homem livremente se entrega todo a Deus prestando ao Deus revelador um obséquio pleno do intelecto e da vontade e dando voluntário assentimento à revelação feita por Ele" (Dei Verbum, 5). A resposta adequada ao convite de Deus é, portanto, a fé (cf. Catecismo da Igreja Católica, 142). "A fé é uma adesão pessoal do homem inteiro a Deus que se revela" (cf. Catecismo da Igreja Católica, 176).

3. JESUS CAMINHO! ABRE MEU CORAÇÃO PARA ACOLHER A TUA VONTADE

- Indicar para que os catequizandos reflitam, respondam as questões em seu caderno e depois conversem.
    - O que esta Palavra de Deus nos diz?
    - Que convite nos faz?
    - O que significa estar dormindo, hoje?
    - Quando estamos dormindo?
    - O que escutamos com maior frequência no dia a dia?

4. JESUS VIDA! FORTALECE A MINHA VONTADE PARA VIVER A TUA PALAVRA

- Orientar para que os catequizandos respondam à pergunta elaborando sua oração e escrevendo-a em seu caderno:
    - Que oração brota do meu coração diante desta Palavra de Deus?

- Convidar para rezar o Salmo 139,1-16.
- Selecionar um música de cunho vocacional, preparar a letra para todos e convidar para cantar.

5. COMPROMISSO

- Entrevista: Ao longo da semana, conversar com pessoas de diferentes profissões e perguntar: em algum momento, no que fazem profissionalmente, se preocuparam em responder ao chamado de Deus? Solicitar que os catequizandos anotem no caderno.

6. COMPREENDENDO A MISSA

A missa é a maior e a mais poderosa oração da qual dispõe o batizado. Pode ainda ser chamada de celebração eucarística. A Eucaristia significa ação de graças, louvor, agradecimento por tudo o que Deus fez e faz por nós.

7. AVALIAÇÃO DO CATEQUISTA

Avaliar o encontro durante a semana. Anotar os pontos fortes. Como se sentiu? Os objetivos foram alcançados? Quais foram as dificuldades encontradas?

Jesus nos convida para sermos seus discípulos

2º Encontro

Preparando o encontro

Jesus nos chama para sermos discípulos. Precisamos ficar atentos para ouvir o chamado do Mestre e aceitar o convite. Ser discípulo significa assumir o seu estilo de vida. A força do discípulo está no Espírito que o inspira e fortalece até o fim. Os ensinamentos de Jesus vão além das instituições, das regras e das leis feitas pelos homens. Os discípulos são convidados a se associarem à paixão de Jesus, não como requisito para alcançar um lugar de honra no Reino mas como o único meio de serem fiéis à condição de discípulos.

Objetivo: Compreender que seguir Jesus significa assumir o seu estilo de vida.

Preparação do ambiente: Colocar a Bíblia, a vela, recortes de jornais com fotos de personalidades que influenciam o comportamento das pessoas nas diversas áreas, que são líderes, isto é, modelos que as pessoas adotam para seguir na sociedade. Prever a letra da música: *Navegarei em águas mais profundas*, escrita em cartaz ou folhas.

1. MOMENTO DE ACOLHIDA E ORAÇÃO

- Acolher os catequizandos com alegria. Destacar a importância da presença de cada um neste processo de formação de discípulos missionários. É fundamental conhecer mais a Jesus para segui-lo como discípulo.
- Iniciar com o sinal da cruz.
- Orientar os catequizandos para a partilha do resultado do compromisso do último encontro.

- Iniciando a conversa:
    - Quais são os fatos importantes que recordamos hoje?
    - Convidar para cantar a música *Te amarei Senhor* (preparar a letra do canto)
- Rezar juntos a oração pelas vocações que está no final do livro.
- Comentar:
    - O que é um discípulo? Um discípulo é alguém que segue outra pessoa ou um estilo de vida. Um discípulo se submete à disciplina e ensinamentos do líder.
    - Na Bíblia, o termo discípulo é quase sempre encontrado nos Evangelhos e no livro de Atos dos Apóstolos. No Primeiro Testamento, às vezes a palavra é traduzida como "aprendeu" e "ensinou". Onde há um professor e pessoas sendo ensinadas, a ideia de discipulado está presente.
    - Nos Evangelhos, os seguidores mais íntimos de Cristo são chamados de discípulos. Os doze foram chamados pela autoridade de Jesus em circunstâncias variadas. No entanto, todos aqueles que aprovavam a pessoa de Jesus, seguiram os seus ensinamentos e estavam engajados com ele, eram chamados de discípulos. O chamado dos discípulos aconteceu numa época em que outros professores tinham os seus discípulos. Os mais notáveis eram os fariseus (Marcos 2,18; Lucas 5,33) e João Batista (Mateus 9,14).

2. JESUS VERDADE! AJUDA-ME A CONHECER A TUA PALAVRA

- Leitura do texto bíblico: Lc 5,1-11.
- Orientar para reler mais uma vez o texto em silêncio.
- Motivar a refletir e partilhar:
    - Onde acontece a cena? Quem está presente?
- Incentivar a imaginar o lugar descrito pelo texto bíblico e ouvir Jesus dizer: "avancem para águas mais profundas".

Para reflexão do catequista

A partir deste momento, Jesus começa preparar um grupo de colaboradores. No texto, Jesus faz o primeiro chamado a um grupo de pescadores! Ele os chama a colaborar na missão junto ao povo. Ele desafia esses pescadores a "pescar de novo" e "em águas mais profundas". Eles aceitam fazer mais uma tentativa de pesca e que dá um resultado diferente: muito peixe! A pesca é sinal da missão que Jesus confia aos seus colaboradores: "ser pescadores de homens". Pescar "homens" significa que os apóstolos serão responsáveis para que outras pessoas descubram e vivam conforme o estilo de vida proposto por Jesus. Assim, convivendo com Jesus, os discípulos vão conhecendo os caminhos do Reino de Deus e passarão a ser líderes que anunciam e ensinam aos outros a proposta de vida evangélica de Jesus.

Documentos da Igreja para a reflexão do catequista:

Conforme as Diretrizes da Ação Evangelizadora da Igreja no Brasil 2008-2010 descrevem, o discípulo é alguém chamado por Jesus Cristo para com ele conviver, participar de sua vida, unir-se à sua pessoa, abraçar sua missão e colaborar com ela. Desta forma, a indicação de Jesus, Caminho, Verdade e Vida provoca em assumir um estilo de vida do mesmo Jesus no seu ser: cumprir o projeto de seu Pai e agir de forma justa e solidária para com a humanidade.

Jesus convida, chama a cada um, apresenta a novidade de seu projeto. Faz-se Mestre para propor o caminho do amor. A história do povo de Deus sempre indicou e chamou discípulos para dar continuidade à caminhada. Jesus, fiel à tradição de seu povo e à história que muito bem conhece, convidou em seu tempo e hoje renova o convite para que homens e mulheres se somem ao seu projeto e sejam os continuadores da obra iniciada (cf. Documento de Aparecida, 131).

3. JESUS CAMINHO! ABRE MEU CORAÇÃO PARA ACOLHER A TUA VONTADE

- Solicitar aos catequizandos para pensar, responder em seu caderno e conversar:
    - O que esta Palavra de Deus nos diz?

- Ser discípulo de Jesus significa assumir o seu estilo de vida, na pobreza, na simplicidade, na humildade, com toda a coragem e clareza, em todas as circunstâncias. É possível viver assim?
- Convidar para cantar a música *Navegarei em águas mais profundas* (CD Para além das margens) e trocar ideias sobre a letra .
  - O que significa para nós a frase: "Lançai as redes em águas mais profundas"?
  - O que esta Palavra de Deus nos diz? Que lição nos oferece? Que convite nos faz?

4. JESUS VIDA! FORTALECE A MINHA VONTADE PARA VIVER A TUA PALAVRA

- Convidar para:
  - Rezar juntos o Salmo 16: "Guarda-me, Deus, pois eu me abrigo em ti..."
- Em silêncio, cada um repita frases e expressões que mais chamou a atenção.

5. COMPROMISSO

- Com a ajuda dos pais, descobrir pessoas que são exemplo e fazem bem ao mundo. Trazer por escrito para o próximo encontro.

6. COMPREENDENDO A MISSA

Muitos irmãos e irmãs católicos ainda não sabem o verdadeiro significado e o valor de uma Santa Missa. Alguns vão à missa apenas por um sentido de obrigação ou quando algo não vai bem. Outros participam apenas nas festas principais ou abandonam a Igreja porque julgam que tudo é repetitivo. Desconhecem o verdadeiro valor da celebração. Em cada encontro de catequese, aprenderemos um pouquinho mais sobre a missa. Isso nos motivará a participar e amar mais as celebrações.

7. AVALIAÇÃO DO CATEQUISTA

Durante a semana, avaliar o encontro. Anotar os pontos fortes. Como se sentiu? Os objetivos foram alcançados? Quais foram as dificuldades encontradas?

Ser discípulo na família

3º Encontro

Preparando o encontro

Devemos pôr em prática, em toda nossa vida, o ensinamento de Jesus. Esta prática começa em casa, na nossa própria família. Jesus disse: "Minha mãe e meus irmãos são aqueles que ouvem a Palavra de Deus e a põem em prática"(Cf. Mc 3,35).

Objetivo: A partir da realidade de cada família, compreender o sentido da família cristã como discípula de Jesus Cristo.

Preparação do ambiente: A Bíblia e a vela. Colocar fotos e objetos que identifiquem a família de cada catequizando.

1. MOMENTO DE ACOLHIDA E ORAÇÃO

- Acolher os catequizandos com alegria. Valorizar a importância de cada um, da família e a convivência no grupo humano.
- Iniciar com o sinal da cruz cantado.
- Convidar os catequizandos para partilhar os nomes e o que fazem de bem às pessoas elencadas junto com os pais no compromisso do encontro anterior.
- Solicitar para que cada um observe o cenário do encontro e identifique a sua experiência de família.
- Motivar a conversar:
    - Quais são os fatos importantes que recordamos e que envolvem as famílias?
    - Após a partilha, propor para ouvir a música: *Cuidar da família* (CD Deus é amor de Pe. Ezequiel Dal Pozzo).

- Comentar: O engrandecimento da família se dá na vivência do Sacramento do Matrimônio. A família é o instrumento de afirmação da fé e da dignidade humana. Pela união dos esposos, realiza-se o duplo fim do matrimônio: o bem dos cônjuges e a transmissão da vida. Estes dois significados ou valores do casamento não podem ser separados sem alterar a vida espiritual do casal, nem comprometer os bens matrimoniais e o futuro da família. O cristão vai além. A família de Jesus não está constituída pela relação física com ele, mas pela obediência à Palavra de Deus e na vivência da Boa Nova. A família é sinal da aliança de amor e ternura de Deus na vida e na sociedade.

2. JESUS VERDADE! AJUDA-ME A CONHECER A TUA PALAVRA

- Canto de aclamação: à escolha, conforme tema do encontro.
- Leitura do texto bíblico: Mc 3, 31-35.
- Solicitar aos catequizandos para:
  - Reler o texto em silêncio.
  - Destacar as expressões e as palavras que mais chamam atenção.

Para reflexão do catequista

Enquanto Jesus conversava com a multidão, apareceram pessoas dizendo que pessoas de sua família o aguardavam lá fora. Ele aproveita deste fato para mostrar às pessoas que Ele pensa em organizar "outra família", não a família de sangue, mas a do compromisso de fé, a família dos que seguem a Jesus. A família de Jesus será formada por todos aqueles que vivem conforme a vontade de Deus. Jesus resume em palavras e atos a vontade do Pai.

Fazer parte da nova família, como discípulos de Jesus, consiste em viver segundo o seu estilo de vida, no serviço aos outros, passar a vida fazendo o bem. Ser seguidor de Jesus é viver os valores do Reino de Deus na família, na escola, na comunidade e com os amigos. Todas as pessoas são chamadas a ser desta família como testemunhas do projeto de Jesus. É passar a vida aprendendo a proposta de Jesus e fazer o bem.

Documentos da Igreja para a reflexão do catequista:

"Na família se aprende a conhecer o amor e a fidelidade do Senhor e a necessidade de corresponder-lhe; os filhos aprendem as primeiras e mais decisivas lições da sabedoria prática com que são conexas as virtudes. Por tudo isso, o Senhor se faz garantia de amor e de fidelidade conjugal (cf. Mc 2,14-15). Jesus nasceu e viveu em uma família concreta, acolhendo todas as características próprias desta vida e conferiu uma excelsa dignidade ao instituto matrimonial, constituindo-o como sacramento da nova aliança (cf. Mt 19,3-9)" (Compêndio da Doutrina Social da Igreja, 210). Quando Paulo VI visitou Nazaré, assim falou: "que Nazaré nos ensine o que é a família, a sua comunhão de amor, a sua beleza austera e simples, o seu caráter sagrado e inviolável; aprendamos de Nazaré como é preciosa e insubstituível a educação familiar e como é fundamental e incomparável a sua função no plano social. Enfim, aprendamos uma lição de trabalho". O Concílio Vaticano II chama a família de "Igreja doméstica" (Lumen Gentium, 11) e o Catecismo nos diz que "o lar é a primeira escola de vida cristã" (n.1657).

Aprofundamento: Como entender a palavra 'seus irmãos'? Nem o hebraico e nem o aramaico possuíam uma palavra para "primo". Por isso, empregavam o termo irmão para designar familiares.

3. JESUS CAMINHO! ABRE MEU CORAÇÃO PARA ACOLHER A TUA VONTADE

- Orientar para conversar com os colegas e depois registrar em seus cadernos.
  - O que nos diz a Palavra de Deus?
  - Que lição nos oferece?
  - Que convite nos faz?
- Convidar a conversar sobre:
  - Como está a realidade de nossas famílias?

- O que precisamos fazer para que as nossas famílias vivam os valores cristãos?
- Convidar a comentar o que significa a frase: *Ser família não é só morar juntos, no mesmo teto, mas é respeitar-se, ajudar-se, partilhar e amar.*

4. JESUS VIDA! FORTALECE A MINHA VONTADE PARA VIVER A TUA PALAVRA

- Indicar aos catequizandos para que representem em cartaz a história da família. Depois, partilhar com o grupo.
- Convidar para rezar juntos: *Oração pela família* que se encontra nas Orações do cristão, no final do livro.

5. COMPROMISSO

- Propor para reunir a família para conhecer melhor a história da formação da família.
- Conversar com a família sobre as conquistas e dificuldades vividas.
- Responder:
  - Vocês conhecem famílias que precisam de apoio, ajuda e coragem para levar adiante sua missão? O que nós podemos fazer para ajudar?

Lembrete:
Organizar a unção não sacramental.

6. COMPREENDENDO A MISSA

Por que ir à Igreja? O individualismo não tem lugar no Evangelho, pois a Palavra de Deus nos ensina a viver como irmãos. O próprio céu é visto como uma multidão em festa e não como indivíduos isolados. A Igreja é o povo de Deus. Com ela, Jesus fez a nova e eterna aliança no seu sangue. A palavra Igreja significa assembleia. É um povo reunido na fé, no amor e na esperança, pelo chamado de Jesus Cristo. Por isso, embora seja muito importante a oração individual ou em casa, ela não tem o mesmo valor da celebração feita em comunidade.

7. AVALIAÇÃO DO CATEQUISTA

Durante a semana, avaliar o encontro. Anotar os pontos fortes. Como se sentiu? Os objetivos foram alcançados? Quais foram as dificuldades encontradas?

Celebração de início da terceira etapa

A celebração não sacramental é um rito de Iniciação à Vida Cristã conferida à terceira etapa com o objetivo de fortalecer a caminhada do catequizando no aprofundamento de sua fé como discípulo de Jesus.

O rito pode acontecer na comunidade durante a celebração Eucarística ou da Palavra, ou ainda no encontro de catequese com a presença dos pais e padrinhos, ou apenas com o grupo de catequizandos. O catequista pode presidir a celebração. Não há necessidade de sacerdote ou ministro caso seja fora das celebrações da comunidade. Cada catequista deverá organizar com a sua comunidade conforme as necessidades e realidade da mesma ou reunir várias comunidades que comportam catequizandos da terceira etapa.

A celebração é considerada um "rito de passagem"aos catequizandos que já fizeram a primeira Comunhão Eucarística. Com o gesto os catequizandos são introduzidos no caminho do discipulado que os coloca no aprofundamento da experiência com Jesus Cristo e ao mesmo tempo os compromete com a vida da comunidade. É importante, caso seja possível, que para esta celebração já pudessem saber quem será o padrinho ou a madrinha da crisma. Estes poderiam estar presentes e assumir o compromisso de acompanhar os catequizandos no processo de preparação à Crisma. Lembrar que não se trata de um Sacramento e sim de uma unção com óleo perfumado.

PREPARAÇÃO DO AMBIENTE
- Potes pequenos com óleo, conforme o número de pessoas que ajudarão na unção e misturar uma essência de perfume.
- Caso a celebração ocorra na celebração dominical é prudente respeitar a liturgia do dia.

- Quando realizada ao longo da semana, proclamar o Evangelho do dia.
- Providenciar um pequeno recipiente com óleo perfumado como símbolo a ser entregue a cada catequizando.
- Sugere-se a procissão de entrada com os catequizandos que estão na terceira etapa da catequese acompanhados com o Círio Pascal e os óleos.
- Motivação: Irmãos e irmãs aqui reunidos! Hoje celebramos a Páscoa de Jesus acolhendo os catequizandos que no caminho da Iniciação à Vida Cristã se preparam para o Sacramento da Crisma. Celebremos com alegria esta ação de graças. Na força da Palavra e da Eucaristia nos ajude a viver em comunidade, ser testemunhas de fé e de vivência cristã no seguimento de Jesus.
- + Saudação, sinal da cruz.
- + Ato Penitencial: (Presidente da celebração.)

Querida comunidade, catequizandos no caminho de preparação à Crisma e familiares! Celebremos o amor misericordioso de Deus. Ele acolhe, ama e perdoa nossas fragilidades humanas e momentos de pequenez. Na vivência da fé cristã e no dom do perdão que dele recebemos, façamos a oração pessoal, no silêncio dos nossos corações.

- Segue o canto ou pedidos de perdão.
- Liturgia da Palavra: (A leitura ou o Salmo pode ser feita por catequistas, padrinhos, pais ou catequizandos. Preparar bem a proclamação da Palavra.)

SUGESTÕES PARA A HOMILIA:

Enfocar estes pontos, ligando com o Evangelho do dia:

- A unção que hoje celebramos não é um Sacramento, mas um passo importante no caminho da Iniciação Cristã e na preparação para o Sacramento da Crisma.
- É um gesto de compromisso daqueles que se dispõem a ser discípulos e discípulas de Jesus.
- Anunciar Jesus, seu Reino, os valores cristãos e humanos, contrapondo os valores que o mundo da competição, da ganância e do poder oferecem ao mundo e catequizandos de hoje.

- Jesus nos convida ao seguimento. Mesmo com dificuldades, Ele nos diz: "Vinde, aproximai-vos de mim, pois meu jugo é suave o meu peso é leve". Esta unção nos dá a certeza de que Deus está sempre conosco e nos convida a participar da sua missão de amor.

APÓS A HOMILIA: RITO DA UNÇÃO - ORAÇÃO DA INVOCAÇÃO DA UNÇÃO:

O presidente da celebração ou o animador: Queiram se aproximar, catequizandos que receberão a unção, conduzidos por seus acompanhantes.

(Podem ser acompanhados pelos pais ou o padrinho ou madrinha, se já houve escolha.)

Presidente: Bendito sejais vós, Senhor Deus, porque nos criastes por amor.

Todos: Vinde, aproximai-vos de Jesus, pois seu jugo é suave e seu fardo é leve!

Presidente: Bendito sejais vós, Senhor Deus, porque, criastes o mundo para a felicidade e a realização das pessoas.

Todos: Vinde, aproximai-vos de Jesus, pois seu jugo é suave e seu fardo é leve!

Presidente: Bendito sejais vós, Senhor Deus, porque enviastes vosso Filho e nosso Senhor Jesus Cristo para nossa salvação.

Todos: Vinde, aproximai-vos de Jesus, pois seu jugo é suave e seu fardo é leve!

Presidente: Bendito sejais vós, Senhor Deus, porque criastes a oliveira e com seu óleo consagrar vosso povo, como vossos filhos a serviço do Reino de Deus.

Todos: Vinde, aproximai-vos de Jesus, pois seu jugo é suave e seu fardo é leve!

BÊNÇÃO DO ÓLEO

Presidente: Ó Deus, proteção do vosso povo! Fizeste do óleo, criatura vossa, um sinal de fortaleza. Abençoai este óleo e concedei a estes catequizandos no caminho da Iniciação à Vida Cristã, o dom da fortaleza, da sabedoria e das virtudes cristãs. Ajudai-os a compreender mais profundamente o Evangelho de Jesus, sigam o caminho da fé e tornem-se generosos no serviço do Reino. Alegrem-se por terem renascido e viverem em vossa Igreja. Por Cristo Nosso Senhor.

Todos: Amém! Amém!

Presidente: O Cristo Salvador dê a estes jovens sua força por este óleo da salvação. Com óleo os ungimos no mesmo Cristo, Senhor nosso, que vive e reina para sempre. Amém.

(Os catequizandos se aproximam e serão ungidos na testa e nas mãos.)

"Que o Deus da vida te fortaleça" - Amém!

(Durante a unção, pode ser rezado ou cantado o Sl 133: "Como é bom, como é agradável os irmãos e irmãs viverem juntos".)

Canto: *O Espírito de Deus nos unge e nos envia.*

Seguem as preces. Lembrar os catequizandos no Caminho da Iniciação à Vida Cristã, seus catequistas, os familiares, os padrinhos e os serviços da comunidade.

RITOS FINAIS

Presidente: Que o Deus de toda a consolação confirme em cada um de nós as unções recebidas, especialmente aos catequizandos e vos conceda as suas bênçãos.

Todos: Amém!

Presidente: Que o Deus da vida vos proteja, liberte de todos os perigos e confirme os vossos corações em seu amor.

Todos: Amém!

Presidente: E assim repletos de esperança, fé e caridade, possais viver o bem e chegar felizes à vida eterna.

Todos: Amém!

Presidente: Abençoe-vos, o Deus consolador, o Pai, o Filho e o Espírito Santo.

Todos: Amém!

Presidente: Ide em paz e o Senhor vos acompanhe.

Todos: Amém!

O discípulo vive a fé em comunidade

4º Encontro

Preparando o encontro

O grande ideal que Jesus Cristo nos apresenta é de sermos irmãos uns dos outros. O desejo de construir a fraternidade entre as pessoas, povos, raças e religião é constante no Evangelho. Só aprendemos a fraternidade ao socializar os espaços e multiplicar as oportunidades de participação das pessoas. A comunidade é a expressão desta vontade de sermos um mundo mais irmão. Como seguidores de Jesus, não podemos nos isolar. Junto com os outros, em Comunidade-Igreja, crescemos na fé, no conhecimento de Jesus Cristo e do Evangelho.

Objetivo: Ajudar o catequizando a passar da fé vivida para si, intimista, para a fé partilhada na vida de comunidade.

Preparação do ambiente: Organizar a sala em círculo, com a Bíblia e a vela. Convidar pessoas que estão envolvidas na comunidade e desenvolvem algum serviço ou pastoral, especialmente, se tiver algum trabalho ligado à juventude.

1. MOMENTO DE ACOLHIDA E ORAÇÃO

- Acolher os catequizandos com alegria. Valorizar os laços de amizade, os momentos vividos em comunidade, onde cada um é importante para o outro, ou seja, seu irmão.
- Iniciar com o sinal da cruz.
- Conversar sobre o compromisso assumido no último encontro e a celebração não sacramental experienciada.

- Encaminhar a troca de informações entre os catequizandos sobre:
  - O que conhecemos sobre nossa comunidade?
  - Quais são os fatos importantes que recordamos e nos falam da vida da comunidade?
- Convidar para cantar: *O povo de Deus no deserto andava* (Lembrar de preparar a letra da música).
- Rezar juntos a oração do Senhor, o Pai-Nosso.
- Iniciando a conversa:
  - Estamos vivendo uma etapa da história marcada e influenciada pela ideologia do individualismo, da competição e da concorrência. Por não estabelecermos relações de confiança, temos medo e sentimo-nos inseguros. Ser cristão é pertencer à comunidade. Não existe cristão sem comunidade. Comunidade é o lugar onde celebramos em torno da mesma mesa e nos alimentamos do mesmo pão. Ser cristão é ser especialista em comunidade. É estabelecer laços de reciprocidade, de diálogo, de perdão. É o lugar onde colaboramos, aprendemos e expressamos a nossa fé em Jesus Cristo e na construção de um mundo mais irmão. Não rivalizamos, antes nos complementamos.

2. JESUS VERDADE! AJUDA-ME A CONHECER A TUA PALAVRA

- Leitura do texto bíblico: Ef 4,1-11.
- Indicar aos catequizandos para refletir e partilhar:
  - Retomar a Palavra de Deus e destacar as frases mais importantes.
  - O que diz o texto?
  - Contar o texto.

Para reflexão do catequista

No Plano de Deus, cada pessoa recebe uma vocação e uma missão. Como discípulos, todos nós somos convidados a seguir Jesus. Com os dons que recebemos de Deus, encontramos o sentido de fazer o bem a todos. Cada um vive a sua missão em união com Cristo, colocando seus dons a serviço. Na diversidade dos dons, cada pessoa tem suas particularidades. Esta diversidade produz a riqueza de vida numa comunidade. É o espírito de comunidade e de serviço que une os dons no mesmo projeto de Deus. A diversidade de dons não pode ser motivo de desunião, mas sinal da presença de Deus que chama diferentes pessoas para continuarem seu projeto de amor servindo ao próximo, à comunidade, à sociedade e à natureza.

Documentos da Igreja para a reflexão do catequista

"A vocação ao discipulado missionário é convocação à comunhão em sua Igreja. Não há discipulado sem comunhão" afirma o Documento de Aparecida, 156. Neste sentido, nos orienta a Igreja no Brasil: "Nutrida pela Palavra e pela Eucaristia, a Igreja é a 'casa e escola de comunhão', 'onde os discípulos compartilham a mesma fé, esperança e amor a serviço da missão evangelizadora'. Ela constitui uma unidade orgânica formada por uma diversidade de carismas, ministérios e serviços, todos eles colaborando para o único Corpo de Cristo. Cada batizado é portador de dons que deverão ser desenvolvidos em comunhão com os demais em vista da irradiação missionária da comunidade eclesial" conforme indicam as Diretrizes Gerais da Ação Evangelizadora da Igreja no Brasil 2008-2010, 50.

3. JESUS CAMINHO! ABRE MEU CORAÇÃO PARA ACOLHER A TUA VONTADE

- Orientar a ler as questões, conversar sobre elas e depois registrar as principais ideias sobre o que precisa fazer para acolher a vontade de Deus:
  - O que esta Palavra de Deus nos diz?
  - Que lição nos oferece?
  - Que convite nos faz?
  - Como está a nossa participação na comunidade? Como a nossa família participa?
  - Valorizamos os momentos celebrados na comunidade?
  - Apreciamos as amizades que formamos em nossa comunidade?

4. JESUS VIDA! FORTALECE A MINHA VONTADE PARA VIVER A TUA PALAVRA

- Rezar juntos o Salmo 133: "Vejam como é bom, como é agradável os irmãos viverem juntos".
- Cada um, no silêncio, faça sua oração a Deus e escreva em seu caderno.
- Convidar para cantar: *Eu sou feliz é na comunidade*. (Prever as letras do canto.)

5. COMPROMISSO

- Participar de momentos diferentes da vida da comunidade.
- Ver com os pais em que podem se envolver e contribuir no crescimento da comunidade.

6. COMPREENDENDO A MISSA

A missa é o centro da vida cristã, a festa da comunidade e o sinal da unidade dos batizados que vivem a mesma fé e se alimentam do mesmo pão. Todos os fiéis formam um só "corpo". Os batizados são o Corpo de Cristo. Cristo é a cabeça do corpo. São Paulo disse aos cristãos: "Agora não há mais judeu nem grego, nem escravo, nem livre, nem homem, nem mulher. Todos vós sois um só em Cristo Jesus" (Gl 3,28)..

7. AVALIAÇÃO DO CATEQUISTA

Durante a semana, avaliar o encontro. Anotar os pontos fortes. Como se sentiu? Os objetivos foram alcançados? Quais foram as dificuldades encontradas?

A esperança cristã: viemos de Deus e para Ele retornamos

5º Encontro

Preparando o encontro

Fomos feitos para Deus, para uma felicidade sem fim. Nosso caminho na terra deve ser vivido com dignidade sob o olhar de Deus. A certeza da felicidade plena, na casa de Deus, nos faz avançar no valor da vida, apesar das limitações e imperfeições que encontramos no caminho. A escolha da vida ou da morte estão em nossas mãos. Não é simples fazer um discernimento sobre a escolha do caminho a seguir. Acreditar na vida eterna não é só pensar no depois, no pós-morte, mas nas escolhas que aqui fazemos e para onde elas nos conduzem. A esperança nos aproxima de Deus desde a nossa vida concreta.

Objetivo: Proclamar a fé na vida eterna e despertar o sentido da esperança cristã.

Preparação do ambiente: Escolher diversos símbolos da nossa cultura que conduzem à morte e à vida. Conversar sobre eles e para onde nos conduzem.

1. MOMENTO DE ACOLHIDA E ORAÇÃO

- Acolher os catequizandos com alegria. Retomar e valorizar o compromisso que fizeram em casa.
- Iniciar com o sinal da cruz.
- Solicitar para que os catequizandos olhem o cenário do encontro e partilhem:
    - Quais são os fatos importantes que recordamos e nos falam da vida e da morte?

- Convidar para cantar: *Estou pensando em Deus* – Pe. Zezinho. (prever a letra do canto).
- Rezar juntos o Pai-Nosso.
- Iniciando a conversa:
  - Estamos diante de duas culturas: uma nos conduz à vida e a outra para a morte. Ao acreditar na vida, procuramos nos afastar de tudo aquilo que leva à morte. Mas atento ao mal! O pecado é sedutor. Nem sempre percebemos quando invade a nossa vida. As drogas são um exemplo de uma escolha que nos conduz à morte. Jesus propõe um caminho de superação, de respeito a si e aos outros. Acreditar na vida eterna exige, por convicção da fé, atitudes coerentes de amor ao próximo, respeito à vida e dedicação às causas do bem comum.

2. JESUS VERDADE! AJUDA-ME A CONHECER A TUA PALAVRA

- Motivar a aclamar a Palavra de Deus com um canto apropriado.
- Leitura do texto bíblico: 2 Ts 13-17.
- Reler o texto com atenção.
- Para refletir e conversar:
  - De que fala o texto que acabamos de ouvir?

Para a reflexão do catequista

Paulo estava preocupado com os tessalonicenses e sobre as doutrinas ensinadas através da pregação, bem como por cartas enviadas.

Sabe-se que no início da Igreja havia preferência pela tradição oral sobre a tradição escrita. Nas cartas de Paulo há veracidade em relação ao Evangelho.

Paulo alerta que a comunidade cristã não precisa temer o final dos tempos. Deve antes ser agradecida por ter ouvido o Evangelho e ter se comprometido com a fé e assim anunciar e testemunhar a Jesus Cristo. Todo anúncio e testemunho se revelam na adesão ao projeto e na prática do bem. A fé não é de todos. Expressa a experiência de vida e, embora a mensagem evangélica seja eficaz, nem todos a acolhem com fé.

É importante acreditar pela fé e compreender pela esperança o sentido pleno da vida.

> Nós, cristãos, esperamos que depois desta vida sejamos recompensados pelo bem realizado. A recompensa é algo que as pessoas já preparam aqui, pelo modo como vivem. Jesus Cristo amou a humanidade e também dá o consolo, porque a sua esperança é grande. Participar da vida eterna é uma escolha que nós fazemos. "O próprio Senhor Jesus que nos amou por sua graça nos dá consolo eterno e esperança feliz" (2 Ts 2,16).

Documentos da Igreja para a reflexão do catequista

O Concílio Vaticano II nos disse que não sabemos quando será o dia em que o Reino de Deus, a "nova terra e o novo céu" chegarão. Também não sabemos como acontecerá esta mudança. "Passa certamente a figura deste mundo deformada pelo pecado, mas aprendemos que Deus prepara morada nova e nova terra. Nela habita a justiça e sua felicidade irá satisfazer e superar todos os desejos da paz que sobem nos corações dos homens. [...] Contudo a esperança de uma nova terra, longe de atenuar, antes deve impulsionar a solicitude pelo aperfeiçoamento desta terra" (Gaudium et Spes, 39).

3. JESUS CAMINHO! ABRE MEU CORAÇÃO PARA ACOLHER A TUA VONTADE

- Solicitar para que os catequizandos conversem e depois escrevam em seu caderno:
    - O que esta Palavra de Deus nos diz?
    - Que lição nos oferece?
    - Que convite nos faz?
    - Como é viver uma cultura a favor da vida?
    - Em que e como "gastamos" nossa vida?
- Convidar para ler juntos e conversar sobre o que o pensamento ensina.

"Não sei... se a vida é curta ou longa demais pra nós, mas sei que nada do que vivemos tem sentido, se não tocamos o coração das pessoas."(Cora Coralina)

- Cantar a letra da música: *Em prol da vida* (Padre Zezinho)

- Após, convidar a conversar sobre a pergunta: Que caminho ela nos propõe?
- Fazer a mediação da conversa explorando as informações da letra, ajudando-os a definir uma conclusão do grupo. Depois, solicitar que a registrem no caderno.

4. JESUS VIDA! FORTALECE A MINHA VONTADE PARA VIVER A TUA PALAVRA

- Em silêncio, cada um faça uma oração a Deus. O que esta Palavra me faz dizer a Deus? Escreva.
- Rezar juntos o Salmo 23: *O Senhor é meu pastor*.
- Solicitar que um catequizando faça oração:

Senhor, Jesus Cristo, Tu és vida e Ressurreição! Afirmaste que na casa do Pai há muitas moradas. Confiamos nesta tua Palavra. Faze-nos acreditar e viver em plenitude a vida que nos destes para merecermos a vida plena em Ti. Amém.

5. COMPROMISSO

- Buscar dados estatísticos de jovens que morrem por causa da droga, da alta velocidade, da violência, das bebidas etc.

6. COMPREENDENDO A MISSA

Na missa, fazemos parte de uma assembleia dos filhos de Deus. Nas celebrações, participamos com palavras, gestos e atitudes. O seu olhar, as suas mãos, a sua palavra, o seu silêncio, o seu gesto, tudo é expressão da vida. Não podemos ficar isolados, mudos, cada um no seu cantinho. A nossa fé, o nosso amor a Jesus e os nossos sentimentos são manifestados através dos gestos, das palavras, do canto, da posição do corpo e também do silêncio. O homem é corpo e alma. Por isso, ele age com a alma e com o corpo ao mesmo tempo. Na missa celebramos a fé em Deus na vida da comunidade.

7. AVALIAÇÃO DO CATEQUISTA

Durante a semana, avaliar o encontro. Anotar os pontos fortes. Como se sentiu? Os objetivos foram alcançados? Quais foram as dificuldades encontradas?

O discípulo vive sua fé na sociedade

6º Encontro

― Preparando o encontro ―

A fé deve repercutir na vida das pessoas, do mundo em que vivemos, no local onde moramos. A fé precisa repercutir onde estudamos, trabalhamos e nos divertimos. Ela é uma virtude para ser vivida e testemunhada. Nossa missão é transformar a realidade. A fé nos faz ajudar as pessoas e a sociedade deixar-se guiar pelo ensinamento divino. A fé exige compromisso com a transformação do mundo em que vivemos.

Objetivo: Ser discípulo, testemunhando a fé na evangelização e na transformação da sociedade.

Preparação do ambiente: Colocar lado a lado algumas fotos e recortes que mostram os avanços da sociedade e as situações de pobreza e violência.

1. MOMENTO DE ACOLHIDA E ORAÇÃO

- Acolher os catequizandos com alegria e valorizar a presença.
- Iniciar com o sinal da cruz cantado.
- Conduzir uma conversa contemplando:
  - Quais são os fatos importantes que estamos vivendo em nossa sociedade?
  - Partilhar o tema da violência a partir da pesquisa que fizeram no encontro anterior.
  - Perguntar: As imagens do cenário do encontro se assemelham a realidade pesquisada?
- Convidar para cantar um canto apropriado ao tema do encontro.

- Iniciando a conversa:
    - Todos os dias vemos tantos avanços tecnológicos e desenvolvimento. Porém, vemos também situações de aflição, de pobreza e destruição do meio ambiente. O que a fé pode testemunhar a este mundo? A fé é sal da terra, ou seja, o que dá o sabor. É a luz do mundo, ou seja, ilumina o nosso ser e agir. Não basta dizer "Senhor", "Senhor", se não faço o bem aos meus irmãos. O amor não é só sentimentalismo, mas é solidariedade. De nada adianta olhar e não enxergar tantas situações que necessitam da Palavra de Deus. O perigo é constatar a drogadição, a violência e a prostituição como valores contrários ao projeto de Deus e não fazer nada ou rezar por nós, pelas nossas famílias de forma individualista. A fé sem obras é morta. O verdadeiro amor consiste em realizar o sonho de Jesus aqui na terra.

2. JESUS VERDADE! AJUDA-ME A CONHECER A TUA PALAVRA

- Leitura do texto bíblico: 1 Cor 13,1-13.
- Solicitar para:
    - Outro catequizando reler o texto.
    - Destacarem as qualidades do amor .

Para reflexão do catequista

A principal palavra aqui é "amor". São Paulo diz que o amor é mais importante do que as qualidades de uma pessoa (falar línguas ou saber bastante...). Para entender de forma correta o que é o amor, São Paulo ensina assim: se eu tenho boas qualidades mas realizo boas ações só por dever, todo este bem realizado carece de um sentido cristão! O amor, segundo Paulo, é um dom na pessoa que vem de Deus, pois Deus quer tanto bem a todos que "enxerga o que é necessário", não por obrigação, mas porque quer o nosso bem! Ao querer o bem do outro, faz o que é necessário por escolha, por convicção, como doação de si! Paulo não está falando aqui do amor de namorados ou matrimonial, que também é positivo e deve ser iluminado pela luz da fé. Ele destaca aquelas atitudes solidárias e responsáveis que fazem perceber as necessidades dos outros e tomar iniciativa com boa vontade. Por exemplo: a decisão de cuidar do meio ambiente, de fazer algo na família, na comunidade e na escola. A pessoa que ama é a que se doa para melhorar o mundo e ajudar os outros. O amor sempre é exigente. Um dia tudo vai acabar, inclusive a fé e a esperança. No entanto, o amor permanece para sempre.

Documentos da Igreja para a reflexão do catequista

O Documento de Aparecida nos diz que "o fato de ser discípulos e missionários de Jesus Cristo para que nossos povos tenham vida n´Ele, leva-nos a assumir evangelicamente, e a partir da perspectiva do Reino, as tarefas prioritárias que contribuem para a dignificação do ser humano e a trabalhar junto com os demais cidadãos e instituições para o bem do ser humano. O amor e a misericórdia para com todos os que veem vulnerada sua vida em qualquer de suas dimensões, como bem nos mostra o Senhor em todos os seus gestos de misericórdia, requer que socorramos as necessidades urgentes, ao mesmo tempo que colaboremos com outros organismos ou instituições para organizar estruturas mais justas nos âmbitos nacionais e internacionais. É urgente criar estruturas que consolidem uma ordem social, econômica e política na qual não haja iniquidade e onde haja possibilidades para todos" (Documento de Aparecida, 384). A caridade é o "coração da Igreja", como intuiu Santa Teresa de Lisieux: "Compreendi que a Igreja têm um coração, um coração ardente de amor; compreendi que só o amor fazia atuar os membros da Igreja [...]; compreendi que o amor encerra em si todas as vocações, que o amor é tudo" (Manuscrito B).

3. JESUS CAMINHO! ABRE MEU CORAÇÃO PARA ACOLHER A TUA VONTADE

- Solicitar aos catequizandos para que individualmente respondam as perguntas e depois partilhem com o grupo, conversando sobre as suas compreensões.
  - O que esta Palavra de Deus nos diz?
  - Que lição nos oferece?
  - Que convite nos faz?
  - Como viver a fé em nosso mundo? Como fazer para que tenhamos mais dignidade e solidariedade?

4. JESUS VIDA! FORTALECE A MINHA VONTADE PARA VIVER A TUA PALAVRA

- O que esta Palavra me faz dizer a Deus?
- Cada um faça sua oração, preces de súplica, de louvor ou de perdão. Orientar para escrever no caderno.
- Rezar juntos o Salmo 146.

5. COMPROMISSO

- Entrevistar pessoas nos seus ambientes de trabalho e questioná-los: como vivem sua fé na ocupação profissional? O que fazem para tornar o mundo melhor?

6. COMPREENDENDO A MISSA

A missa só é possível para cada um dos participantes porque acreditam que sair de casa e ir ao lugar do encontro dos irmãos na fé é motivo de celebrar. A missa começa em casa, quando a pessoa diz: "vou à missa". Desde casa deve-se pensar: o que vou agradecer a Deus hoje? O que vou entregar da minha vida?

7. AVALIAÇÃO DO CATEQUISTA

Durante a semana, avaliar o encontro. Anotar os pontos fortes. Como se sentiu? Os objetivos foram alcançados? Quais foram as dificuldades encontradas?

Seguir Jesus é viver a solidariedade

7º Encontro

Preparando o encontro

> Solidariedade é tantas vezes traduzida como sentimento de simpatia, ternura ou piedade pelos pobres, pelos desprotegidos, pelos que sofrem, pelos injustiçados, com o intuito de confortar, consolar e oferecer ajuda. Porém esconde o perigo do assistencialismo e do paternalismo. Ser solidário significa solidez, ou seja, estar solidamente vinculado a uma causa, a um princípio, à vida. É construir a solidez das organizações sociais, dos empreendimentos solidários, da promoção humana. Não existe outro caminho para seguir Jesus a não ser a construção de um mundo fraterno. Ser solidário é amar as pessoas, contribuindo para que todos tenham o apoio necessário para vencer as dificuldades da vida e prosseguir no caminho com dignidade, liberdade e responsabilidade.

Objetivo: Compreender que seguir Jesus é viver a solidariedade.

Preparação do ambiente: Colocar a Bíblia, a vela e um pão no centro. A frase: "MELHOR QUE O PÃO É A SUA PARTILHA...".

1. MOMENTO DE ACOLHIDA E ORAÇÃO

- Acolher e valorizar a presença de cada catequizando.
- Conversar sobre o compromisso assumido no encontro anterior.
- Iniciar com o sinal da cruz cantado e solicitar que repitam a frase que se encontra no cenário.
- Iniciando a conversa:
    - Motivar uma conversa perguntando aos catequizandos:
        - O que nos comove? O que desperta em nós o desejo de ajudar?

- O que entendemos por solidariedade?
- Qual é o tempo da solidariedade?
- Quais são os fatos importantes que estamos vivendo e podemos dizer que são solidariedade?
- Convidar para cantar uma música adequada ao encontro.
- Comentar: São João da Cruz nos diz: no entardecer de nossa vida, seremos julgados pelo amor. O amor de Deus se traduz em misericórdia e solidariedade para com os outros. Praticar a solidariedade é colocar a vida a serviço do amor que constrói um mundo, em que a verdade e a justiça fazem aflorar a fraternidade. O culto e as orações são importantes mas a solidariedade praticada e traduzida na partilha dos bens é maior.

2. JESUS VERDADE! AJUDA-ME A CONHECER A TUA PALAVRA

- Leitura do texto bíblico: Lc 16,19-31.
- Orientar para:
  - Reler com atenção.
- Para refletir e partilhar:
  - Que história o texto está contando? Destaque as pessoas, as ações que realiza, os verbos mais importantes.
  - Quais as categorias de pessoas presentes no texto?
- Ler com os catequizandos o texto em seus livros – Para entender melhor – refletindo e esclarecendo as dúvidas que possam surgir.
- Para entender melhor: Com a festa de Cristo Rei, o Papa quis motivar os católicos para reconhecer em público que o líder da Igreja é Cristo Rei. Já no início do ministério de Jesus, Ele foi visto como um forte candidato a ser rei, pois tinha uma liderança e uma forma de organizar as pessoas que causava inveja e ciúmes naqueles que estavam no poder. Jesus se tornou um líder que recuperou naquelas pessoas a vontade de viver. Muitos O acompanharam porque sonhavam com um cargo político quando Jesus tomasse o poder. Jesus é Rei porque serve as pessoas e doa a vida pela causa do Reino de Deus.

Para reflexão do catequista

A festa de Cristo Rei é uma das festas mais importantes no calendário litúrgico, nela celebramos Cristo como o Rei do universo. O seu Reino é o da verdade e da vida, da santidade e da graça, da justiça, do amor e da paz.

A história do rico e do pobre que Jesus contou é chocante, pois foca a pobreza em que caíam algumas pessoas em contraste com a riqueza de outros. Jesus em toda a sua vida tomou uma clara posição em favor dos pobres e disse aos ricos que eles dificilmente se salvariam. Ele foi um amigo dos pobres e sempre se colocou ao lado deles. Lázaro se alimentava de migalhas e tinha como amigos os cães, enquanto o homem rico se divertia vestido de púrpura, esbanjando comida e dinheiro. Hoje vivemos na nossa sociedade a mesma situação do tempo de Jesus. São dois mundos muito diferentes: o dos ricos e dos pobres.

Torna-se assim, pois, necessário uma nova cultura de solidariedade onde o rico e pobre Lázaro, o primeiro e terceiro mundo, possam sentar-se à mesma mesa e partilharem o mesmo pão. Somente uma nova cultura e uma nova mentalidade, marcada essencialmente pela solidariedade cristã, pode inverter a tendência do acumular, do esbanjar, do explorar. Somente quando tomamos consciência do fato de que somos todos filhos de Deus e, consequentemente, irmãos, é que podemos nos colocar em sintonia com o pobre Lázaro, entender o seu sofrimento e convidá-lo a sentar-se à nossa mesa.

Aprofundamento: A Igreja consagra o último domingo do ano litúrgico a Cristo, Rei do universo. O ano litúrgico não coincide com o ano civil. O ano civil começa em 1º de janeiro e termina em 31 de dezembro. Já o ano litúrgico começa no 1º domingo do advento (cerca de quatro semanas antes do Natal) e termina no sábado anterior a ele. O tempo comum é um período do ano litúrgico de trinta e três ou trinta e quatro semanas nas quais são celebrados os mistérios de Cristo. Comemora-se o próprio mistério de Cristo em sua plenitude, principalmente aos domingos. O advento significa "chegada". É o primeiro tempo do ano litúrgico, o qual antecede o Natal. Para os cristãos, é um tempo de preparação e alegria, de expectativa, onde os fiéis esperam o nascimento de Jesus Cristo. No calendário religioso, este tempo corresponde às quatro semanas que antecedem o Natal.

A festa de Cristo Rei foi estabelecida pelo Papa Pio XI em 11 de março 1925. O Papa quis motivar os católicos para reconhecer em público que o líder da Igreja é Cristo Rei. Mais tarde a data da celebração foi mudada para o último domingo do tempo comum.

Desde a antiguidade, Jesus Cristo foi chamado Rei, em sentido metafórico, em razão ao supremo grau de excelência que possui e que o eleva entre todas as coisas criadas. Já no início do ministério de Jesus, Ele foi visto como um forte candidato a ser rei, pois tinha uma liderança e uma forma de organizar as pessoas que causava inveja e ciúmes naqueles que estavam no poder. Jesus se tornou um líder que recuperou naquelas pessoas a vontade de viver. Muitos o acompanharam porque sonhavam com um cargo político quando Jesus tomasse o poder. Jesus é Rei porque serve a todas as pessoas e doa a vida pela causa do Reino de Deus.

Documentos da Igreja para a reflexão do catequista

O ensinamento da Igreja apresenta os valores do bem comum e da solidariedade como princípios da ação social do cristão. "Amar alguém é querer o seu bem e trabalhar eficazmente pelo mesmo. Ao lado do bem individual, existe um bem ligado à vida social das pessoas: o bem comum. É o bem daquele nós todos, formado por indivíduos, famílias e grupos intermediários que se unem em comunidade social. [...] Querer o bem comum e trabalhar por ele é exigência de justiça e de caridade (BENTO XVI, Caritas in veritate, 7). A solidariedade é um dos princípios de todo o ensinamento social da Igreja. Assim nos dizia o Papa João Paulo II: "Deste modo o princípio, que hoje designamos de solidariedade, [...] apresenta-se como um dos princípios basilares da concepção cristã da organização social e política" (Centesimus Annus, 10).

3. JESUS CAMINHO! ABRE MEU CORAÇÃO PARA ACOLHER A TUA VONTADE

- Orientar para encenar o texto bíblico lido e refletido.
- Para refletir e solicitar que o catequizando responda em seu caderno.
  - O que esta Palavra de Deus nos diz? Que lição nos oferece?
  - Que convite nos faz?
- Convidar os catequizandos para a leitura do texto *Final do ano litúrgico* e a partilhar aquilo que entendeu.
  - Final do ano litúrgico: O tempo pode ser medido pelo relógio e pelo calendário. Temos a impressão de que o tempo voa. Mas podemos também falar em tempo como Kairós, o tempo de Deus. Na festa de Cristo Rei encerramos o ano litúrgico e nos preparamos para um novo tempo em que Deus manifesta a sua presença. Tempo de fazer o bem, de praticar a caridade, de viver a solidariedade.

    Ser seguidor de Jesus é colocar em prática o que ele nos ensinou: o amor ao próximo concretizado na caridade. A Festa de Cristo Rei usa a cor litúrgica branca para celebrar o mistério da glória do Filho de Deus, Cristo Rei.

4. JESUS VIDA! FORTALECE A MINHA VONTADE PARA VIVER A TUA PALAVRA

- Rezar junto o Salmo 92 (93).
- Convidar os catequizandos a ficarem de pé ao redor do pão, cantando: *Pão em todas as mesas*, de Zé Vicente e partilhar o pão entre todos.
- Solicitar aos catequizandos para que leiam o texto e respondam em seu caderno o que esta frase significa:

  "MELHOR QUE O PÃO É A SUA PARTILHA..." Acho um encanto, Senhor, que criaturas tuas, saídas diretamente de tuas mãos, os pássaros e o vento, carreguem de planta a planta, de árvore a árvore, sementes de amor (Dom Hélder Câmara).

5. COMPROMISSO

- Programar uma ação solidária (visita ao asilo, campanha de material escolar, de alimentos, de conscientização na doação de sangue e órgãos).

6. COMPREENDENDO A MISSA

Ao chegarmos à Igreja para celebrar, nos deparamos com muitos símbolos e realidades que nos falam do mistério cristão. Entramos pela porta. Essa liga dois mundos. No mundo que entramos, é o lugar onde nos encontramos com Jesus, carregamos o nosso mundo com suas alegrias, preocupações, sonhos etc. Na celebração entregamos tudo o que envolve a nossa vida para sermos transformados pelo amor de Deus.

7. AVALIAÇÃO DO CATEQUISTA

Durante a semana, avaliar o encontro. Anotar os pontos fortes. Como se sentiu? Os objetivos foram alcançados? Quais foram as dificuldades encontradas?

O discípulo de Jesus é vigilante

8º Encontro

Preparando o encontro

A palavra "advento" significa chegada ou vinda. Para o cristão tem o sentido tanto o nascimento do Senhor quanto a preparação para esse evento. A atitude que melhor expressa este tempo é a vigilância, ou seja, ação de vigiar, de estar à espreita, de sentinela. Vivemos em um tempo sem convicções. Estamos vulneráveis ao consumismo, que requer vigilância e atenção. Estar atento aos acontecimentos é saber perceber neles um convite de Deus para que a nossa vida seja organizada a partir da justiça e da caridade.

Objetivo: Preparar com vigilância a chegada de Jesus.

Preparação do ambiente: Preparar com os catequizandos a coroa do advento. A coroa de advento ornada de folhas verdes, fita vermelha e quatro velas é sinal de esperança e de vida. A fita representa o amor de Deus que nos envolve. As velas acesas recordam a fé e a alegria. Uma bandeja com frutas.

1. MOMENTO DE ACOLHIDA E ORAÇÃO

- Acolher os catequizandos com alegria, valorizar sua presença e o que trazem de novidades, notícias, acontecimentos e conversar sobre o gesto solidário do compromisso do encontro anterior.
- Iniciar com o sinal da cruz.
- Iniciando a conversa:
  - Quais são os fatos importantes que estamos vivendo?
  - Como planejamos o nosso tempo? Para que temos tempo?

- Convidar para um canto próprio do advento.
- Rezar juntos: Ave-Maria.
- Comentar: Aceitamos tudo com certa naturalidade, a mentira, a violência, o consumismo. Não nos impomos. Entra em nossa vida e em nossos lares todo tipo de permissividade. A atitude correta consiste em seguir Jesus e reagir diante do mal. Vigiar é estar atento, não às normas e prescrições, ao marketing, mas à chegada de Jesus. Com ele venceremos as aflições e a escravidão humana. Estar atentos é estar sensíveis às necessidades dos pobres e anunciar o Evangelho. Vigiar é abrir os olhos da fé para "as coisas do alto" e renascer para a vida nova.

2. JESUS VERDADE! AJUDA-ME A CONHECER A TUA PALAVRA

- Leitura do texto bíblico: Lc 21, 29-36.
- Orientar os catequizandos para:
    - Perceber os personagens que atuam.
    - Que imagens Jesus usa para falar da vigilância?
    - O que fala da figueira?

Para reflexão do catequista

Este texto é uma motivação para as pessoas viverem o sentido do advento: preparar-se para celebrar o nascimento de Jesus, o mistério de sua encarnação. Lucas, ao escrever o Evangelho sabe que Jesus vem para contribuir com o povo e ensinar o bem. Aprender novos comportamentos e abandonar o que afasta do Plano de Deus Pai (exemplo: Jesus, ao corrigir os erros, não aceitava dizer que a doença é castigo de Deus).

"Quando as árvores começam brotar é sinal que começa o verão". Com esta comparação, Lucas mostra que assim foi com a chegada de Jesus: ele ensinava novos motivos e novos caminhos para viver melhor. E nós, por isso, devemos perceber que na vida das pessoas não é correto quando se vive com medo e angústia do fim do mundo. O medo só faz aparecer desesperados, preocupados com o agora e impede olhar para o futuro. Jesus ensina que do hoje se pode tirar um amanhã melhor, decidindo ser útil ao que precisa, corrigindo o que não presta. Ao afirmar que o Reino de Deus está próximo (v. 31), quer ensinar as pessoas a ter como meta chegar a Deus e serem melhores vivendo o que Jesus ensinou e testemunhou.

Documentos da Igreja para a reflexão do catequista

A Igreja nos ensina que devemos estar sempre vigilantes: "Senhor do cosmos e da história, Cabeça da sua Igreja, Cristo glorificado permanece misteriosamente na terra, onde o seu reino já está presente como germe e início na Igreja. Um dia voltará na glória, mas não sabemos o momento. Por isso, vivemos na vigilância: 'Vem, Senhor Jesus' (Ap 22,20)" (Compêndio do Catecismo da Igreja Católica, 133). Quando acontecerá isto, nós não sabemos. "Ignoramos o tempo da consumação da terra e da humanidade e desconhecemos a maneira de transformação do universo" (Catecismo da Igreja Católica, 1048).

3. JESUS CAMINHO! ABRE MEU CORAÇÃO PARA ACOLHER A TUA VONTADE

- Para conversar:
    - O que esta Palavra de Deus nos diz?
    - Que lição nos oferece?
    - Que convite faz para nós, para a Igreja e para a sociedade?

4. JESUS VIDA! FORTALECE A MINHA VONTADE PARA VIVER A TUA PALAVRA

- Orientar a olhar para a coroa do advento. Acender a primeira vela enquanto canta-se: *Vem Senhor Jesus o mundo precisa de Ti*.
- Rezar juntos o Salmo 126.
- O que a Palavra de Deus que refletimos e este Salmo me faz dizer a Deus? Solicitar que o catequizando escreva em seu caderno.
- Propor aos catequizandos a fazer preces de súplicas.

5. COMPROMISSO

- Procurar envolver os pais para participarem dos encontros em preparação ao Natal, realizados nos grupos de família. Participar das celebrações dos domingos do advento, pois elas nos ajudam a permanecermos vigilantes e a produzir frutos.

6. COMPREENDENDO A MISSA

Ao entrar na Igreja, tudo fala do mistério cristão. A pia batismal, a cruz, o sacrário, as imagens, as velas, os vitrais, os bancos para a oração, o ambão onde se proclama a Palavra de Deus, o altar, as flores, a cadeira do presidente. Tudo na Igreja fala de Deus. É preciso entrar em sintonia com tudo isso para Deus falar e vivenciar bem as celebrações.

7. AVALIAÇÃO DO CATEQUISTA

Durante a semana, avaliar o encontro. Anotar os pontos fortes. Como se sentiu? Os objetivos foram alcançados? Quais foram as dificuldades encontradas?

O amor de Deus é tão grande que nos envia seu Filho Jesus

9º Encontro

— Preparando o encontro —

A missão de Jesus não é outra senão falar, ensinar e testemunhar o Plano do Pai. Deus nos dá, em Jesus Cristo, esta graça: conhecer, sentir e fazer a experiência do amor de Deus em nossa vida. Somos atribulados por todos os lados, mas temos uma boa notícia que nos alegra: o amor de Deus por nós é Jesus Cristo. É esse anúncio que devemos acolher e transmitir.

Objetivo: Descobrir a verdadeira alegria da graça e amor de Jesus Cristo.

Preparação do ambiente: A coroa do advento com as velas – a primeira já acesa – a Bíblia e algum objeto que vai ser usado na construção do presépio.

1. MOMENTO DE ACOLHIDA E ORAÇÃO

- Acolher os catequizandos com alegria, valorizando cada um e aquilo que cada um traz de vida e de preocupação.
- Orientar os catequizandos para:
  - Iniciar cantando o sinal da cruz e acender a segunda vela da coroa do advento.
- Motivar a conversar a partir das perguntas:
  - Quais são os fatos importantes que estamos vivendo?
  - O que consideramos alegria neste nosso tempo?
  - É uma alegria duradoura ou passageira?

- Lembrar o compromisso assumido no encontro anterior.
- Rezar juntos: Um Pai-Nosso e 3 Ave-Marias.
- Comentar: Muitas pessoas, neste tempo, contrapondo a todo o alarido do consumismo, sentem-se com grande solidão, momento propício para depressão e tristeza. O nascimento de Jesus significa o amor de Deus por nós. Ele preenche o nosso coração. Nele encontramos os valores da simplicidade, do perdão, do respeito e da paz. Em Jesus, damos um sentido diferente para a vida e para a fé.

2. JESUS VERDADE! AJUDA-ME A CONHECER A TUA PALAVRA

- Leitura do texto bíblico: João 3,16-21.
- Indicar aos catequizandos para:
    - Reler o texto bíblico prestando atenção aos verbos e sublinhá-los na Bíblia.
    - Destacar a frase que sentiu mais forte.

Para reflexão do catequista

Neste texto do Evangelho de João está descrito o maior fato cristão. Deus não é um ser longe das pessoas e da humanidade, mas vem entre nós por meio de Jesus que nasce e vive como nós. Cristo mostra que viver conforme o Plano de Deus é sempre Plano de Salvação. Viver assim será a forma para as pessoas serem felizes, pois sendo justas como Jesus, sentem-se livres e sem medo de si mesmos e dos outros. Por isso, não dá para dizer que se crê em Deus e viver com interesses contrários ao Plano de Deus. Jesus, ao mostrar um modo justo e feliz de viver com os outros, é "Luz" para toda a humanidade.

Os versículos deste texto são um resumo de todo o Evangelho de João. Mostram que o projeto de Deus consiste no amor que dá a vida. Deus Pai entrega o seu Flho único para que a humanidade tenha vida em plenitude. Tudo o que ele fez foi a favor da vida e para que a humanidade seja salva. Ele é a luz, isto é, a vida brilhando em todo o seu esplendor e força. Por isso, precisamos praticar aquilo que nos leva à vida, saindo das trevas para agir conforme a verdade, aderindo a Jesus e se aproximando de Deus.

Documentos da Igreja para a reflexão do catequista

O Papa Bento XVI, em sua primeira carta nos falou do amor de Deus. "Com efeito, ninguém jamais viu a Deus tal como Ele é em Si mesmo. E, contudo, Deus não nos é totalmente invisível, não se deixou ficar pura e simplesmente inacessível a nós. Deus amou-nos primeiro [...] e este amor de Deus apareceu no meio de nós, fez-se visível quando Ele 'enviou o seu Filho unigênito ao mundo para que, por Ele, vivamos' (1Jo 4,9). [...] Ele amou-nos primeiro e continua a ser o primeiro a amar-nos; por isso, também nós podemos responder com amor. Deus não nos ordena um sentimento que não possamos suscitar em nós mesmos. Ele ama-nos, faz-nos ver e experimentar seu amor, e desta 'antecipação' de Deus pode, como resposta, despontar também em nós o amor" (Deus Caritas Est, 17).

3. JESUS CAMINHO! ABRE MEU CORAÇÃO PARA ACOLHER A TUA VONTADE

- Para conversar com os catequizandos:
  - O que esta Palavra de Deus nos diz? Que lição nos oferece?
  - Que convite nos faz?
  - Um cristão deve ser triste ou alegre?
  - Quando, na prática da nossa vida, preferimos a luz e quando as trevas?
- Orientar para que, após a conversa, escrevam em seus cadernos o que cada um gostaria de registrar como algo que não deseja esquecer por considerar muito importante para sua vida de cristão.

4. JESUS VIDA! FORTALECE A MINHA VONTADE PARA VIVER A TUA PALAVRA

- Convidar para rezar juntos o texto bíblico: Alegrai-vos no Senhor (Fl 4,4-7).

- Cantar: *Vem, ó Senhor, com o teu povo caminhar* ou outra música do tempo de advento.

5. COMPROMISSO

- Encontrar uma maneira criativa de convidar a comunidade para os momentos comunitários da celebração do Natal.
- Ler o texto bíblico Mt 2,1-12 e preparar uma encenação para o próximo encontro de catequese.

Lembrete:

Organizar e motivar o grupo para participar da celebração na comunidade no encerramento dos encontros de família em preparação ao Natal e da celebração da noite de Natal no lugar mais próximo onde estiverem neste dia.

6. COMPREENDENDO A MISSA

O nosso dia a dia é vivenciado no mistério da Eucaristia. Por isso, antes de iniciar a missa, em muitos lugares, se lê as intenções. Reza-se pela saúde, pelos mortos, em agradecimento por aniversários ou por alguma conquista. Essas intenções mostram que a missa é o momento de unir a nossa vida com a vida de Deus.

7. AVALIAÇÃO DO CATEQUISTA

Durante a semana, avaliar o encontro. Anotar os pontos fortes. Como se sentiu? Os objetivos foram alcançados? Quais foram as dificuldades encontradas?

Jesus nasce no meio de nós

10º Encontro

Preparando o encontro

O Natal perdeu o sentido e transformou-se em ocasião de consumo e sentimentalismo melancólico com algumas boas intenções. O significado cristão do Natal é o nascimento de Jesus, nosso Salvador. Jesus não veio ao mundo somente para um grupo. Sua mensagem e seu Projeto Salvador se destinam a todas as pessoas. Os que seguem Jesus, seus discípulos, são enviados para anunciar a Boa Nova de Jesus que nasce no meio da humanidade.

Objetivo: Recuperar o sentido do nascimento de Jesus e das celebrações natalinas.

Preparação do ambiente: Colocar, no meio da sala, uma manjedoura com a imagem do menino Jesus. A coroa do advento com duas velas acesas.

1. MOMENTO DE ACOLHIDA E ORAÇÃO

- Acolher os catequizandos com alegria.
- Iniciar com o sinal da cruz. Acender a terceira vela da coroa do advento.
- Convidar para cantar uma música própria do tempo de advento.
- Perguntar aos catequizandos:
    - Quais são os fatos importantes que estamos vivendo?
    - Convidar para rezar juntos: Pai-Nosso.
- Comentar: A impotência de uma criança tornou-se a onipotência de Deus. Na criança frágil e terna, divina e humana, Deus visitou a cada um de nós, fez sua morada entre nós. "Um menino nasceu, um filho nos foi dado (Is 9,5)". O Natal guarda a poesia e leva ao coração da

humanidade a luz que ilumina. A nós, cabe anunciar o presente de Deus para toda a humanidade.

2. JESUS VERDADE! AJUDA-ME A CONHECER A TUA PALAVRA

- Leitura do texto bíblico: Mt 2,1-12.
- Apresentar a encenação do texto, que foi preparada no encontro anterior.

Para reflexão do catequista

Neste encontro, procuramos compreender o sentido cristão do Natal. O Natal, descrito no Evangelho, relata o nascimento de Jesus conforme a linguagem da época. Como a pessoa mais conhecida na época era o rei, eles descrevem também Jesus como outro rei. O autor mostra que havia um rei ruim chamado Herodes. No entanto, estavam esperando outro rei, bem diferente, bom e justo. Este novo rei é o Mestre, chamado Jesus.

Quem escreveu este Evangelho imaginava que "reinado" significava a mesma coisa que "situação de vida". Com Herodes, havia uma situação de vida nada boa. Por isso, esperavam uma situação de vida melhor para todos. Jesus inspirava essa confiança, pois vem para realizar a vontade do Pai.

Herodes se assusta com a chegada de Jesus (Natal), porque sabe que ele mesmo não é um rei justo. Jesus é querido, honesto e o povo espera uma nova proposta que mudaria a situação de vida. O nome Jesus é comparado a um rei. Por isso, o associam ao Rei Davi, que também vinha de Belém. O povo que sofria com Herodes é representado pelos "magos". Eram pessoas bem simples e estavam dispostas a acolher em Jesus o novo estilo de vida que vinha de Deus.

Aprofundamento: As cores verde, vermelha e dourada são dominantes no Natal. O verde é renovação, esperança. O vermelho está ligado ao fogo, ao poder e ao amor divino. O dourado ao sol, à luz, à sabedoria. Foi no século IV que a data de 25 de dezembro foi estabelecida como data oficial de comemoração do nascimento de Jesus. O ciclo do Natal começa no advento, inclui o Natal propriamente dito, passa pela epifania e termina na festa do batismo de Jesus.

> **Documentos da Igreja para a reflexão do catequista**
>
> No Natal, "Jesus nasceu na humildade de um estábulo, em uma família pobre; as primeiras testemunhas do evento são simples pastores. É nesta pobreza que se manifesta a glória do céu" (Catecismo da Igreja Católica, 525). Assim, assumindo a nossa condição humana, o Filho de Deus une em si toda a humanidade e todos os povos são convidados a serem seus discípulos. "Com efeito, por Sua encarnação, o Filho de Deus uniu-se de algum modo a todo homem" (Gaudium et Spes, 22). Nos reis magos, representantes das religiões e povos vizinhos, o Evangelho vê as nações que acolhem a Boa Nova da salvação que o nascimento de Jesus trouxe (cf. Catecismo da Igreja Católica, 528).

3. JESUS CAMINHO! ABRE MEU CORAÇÃO PARA ACOLHER A TUA VONTADE

- Orientar para que respondam as perguntas e depois conversem sobre as semelhanças e diferenças das respostas, destaquem o que cada um aprendeu e considera importante para atender a vontade de Deus.
  - O que esta Palavra de Deus nos diz?
  - Que lição nos oferece? Que convite nos faz?

4. JESUS VIDA! FORTALECE A MINHA VONTADE PARA VIVER A TUA PALAVRA

- Indicar para:
  - Rezar juntos o Salmo 96 (95) cantando no início e no final:

  Resplandeceu a luz sobre nós/ porque nasceu Cristo Salvador.

- Cada um faça sua oração em silêncio, agradecendo a Deus pelos os encontros de catequese que tivemos até hoje.

(Deixar um tempo de silêncio e depois partilhar a oração.)

  - Antecipando a festa do Natal, convidar para acender a quarta vela da coroa do advento e cantar juntos: *Noite Feliz.*

(Providenciar a letra da música.)

5. COMPROMISSO

- Comentar: São Francisco, encantado com a humanidade de Jesus, três anos antes de sua morte, na cidade de Greccio, Itália, no dia do Natal, realizou o primeiro presépio. Queria que os cristãos exultassem de alegria, os necessitados fossem saciados, os animais e os pássaros fossem respeitados.

- Orientar a construir com criatividade e com elementos da natureza um presépio em cada casa e depois organizar uma visita com o grupo.

- Convidar o grupo para participar com seus pais, da celebração de encerramento dos encontros da novena do Natal e da celebração da noite de Natal na comunidade.

Lembrete:

O catequista deseja bom Natal, boas férias e já prevê a data para retornar na primeira semana da quaresma do ano seguinte.

6. COMPREENDENDO A MISSA

O animador da missa convida o povo para a oração. A motivação inicial quer ajudar as pessoas a sintonizar com o mistério que se vai celebrar. O fato central que se vive na missa é o Mistério Pascal de Cristo. É a memória da vida, da morte e da ressurreição de Jesus. Também pode lembrar uma festa especial em honra a Nossa Senhora, a um santo ou uma festa solene. A partir disso, as pessoas entram em sintonia com aquilo que toda Igreja celebra.

7. AVALIAÇÃO DO CATEQUISTA

Durante a semana, avaliar o encontro. Anotar os pontos fortes. Como se sentiu? Os objetivos foram alcançados? Quais foram as dificuldades encontradas?

O desejo de ver Jesus

11º Encontro

— Preparando o encontro —

Reencontrar-se é sempre uma alegria para quem busca viver como discípulo e discípula de Jesus. Após um tempo de descanso e de férias, de convivência com a família, estamos de volta para darmos continuidade à nossa caminhada de Iniciação à Vida Cristã. A Iniciação à Vida Cristã é o caminho para assumir ser discípulo de Jesus, conhecer o Evangelho e viver uma vida de fé e de solidariedade. É um caminho de conversão pessoal. Este é um desejo pessoal que precisamos reassumir todos os dias.

Objetivo: Ajudar o catequizando a retomar a caminhada e introduzir o grupo no espírito do tempo litúrgico da quaresma como preparação à Páscoa.

Preparação do ambiente: Preparar a sala do encontro antecipadamente, com bom gosto e criatividade, em forma circular com a Bíblia, a vela e a palavra: "Bem-vindos!" Um pote com água.

1. MOMENTO DE ACOLHIDA E ORAÇÃO

- Comentar: Acolho cada um de vocês com alegria! Estamos começando uma nova etapa no Caminho da Iniciação à Vida Cristã. Após um período de descanso, de férias e de convivência com a família, retomamos nossas atividades. Convido para nos acolhermos mutuamente com um caloroso abraço. (Todos se abraçam.)
- Convidar para cantar uma música de acolhida do grupo.
- Traçar o sinal da cruz, iniciando assim o nosso encontro: Em nome do Pai...

- Rezar juntos o Pai-Nosso, de mãos dadas.
- Comentar: Sempre que reiniciamos uma caminhada temos muitas coisas para comunicar e partilhar. Vamos dedicar um tempo para contar: como foram nossas férias? O que fizemos? Aonde fomos? Há algum fato importante que gostaríamos de comunicar?

    (Deixar falar e comunicar algumas coisas que acham importante partilhar e todos escutam com atenção.)

- Fazer uma breve retomada. Lembrar os temas dos encontros que aconteceram de outubro à dezembro.
- Convidar para ouvir uma música adequada para o retorno do grupo. Prever CD ou letra do canto.
- Comentar: Em nosso encontro, vamos continuar a conhecer quem é Jesus e entender o que é ser discípulo e discípula Dele. O tema do nosso encontro é: *O desejo de ver Jesus*. A catequese é um espaço para alimentar este desejo de ver Jesus e encontrar o melhor jeito para que isto aconteça.

2. JESUS VERDADE! AJUDA-ME A CONHECER A TUA PALAVRA

- Orientar para acolher a Palavra de Deus com um canto adequado.
- Leitura do texto bíblico: Lc 19,1-10.
- Indicar para:
    - Reler o texto.
    - Identificar os personagens:
    - As ações que cada um realiza.
    - Quem era Zaqueu?
    - O que mais chamou sua atenção neste Evangelho?
    - Cantar o refrão: *Queremos ver Jesus*.

Para reflexão do catequista

Zaqueu não era uma pessoa bem vista pelo povo judeu por causa do seu trabalho de arrecadador de impostos em favor dos romanos que dominavam o país. A riqueza de Zaqueu vinha do seu trabalho, mas praticado sem escrúpulo, porque enganava o povo nas cobranças. Por isso, era odiado. No entanto, queria conhecer e seguir Jesus.

Se por um lado era tomado pela ganância de dinheiro, por outro lado, também queria conhecer a proposta de vida que Jesus ensinava. É por isso que Zaqueu procura Jesus, vai à sua casa, sem se preocupar com as conversas dos outros. Jesus acolhe e aceita conversar com um homem visto como desonesto. Foi dessa conversa que aconteceu a mudança de vida de Zaqueu: "vou dar a metade dos meus bens aos pobres e devolver quatro vezes mais o que roubei". A conversão (salvação) de Zaqueu acontece porque devolve o que roubou! A partir deste momento, Jesus fica na casa (a vida) de Zaqueu como inspiração e modelo de vida.

Documentos da Igreja para a reflexão do catequista

O ser humano deseja encontrar a Deus para poder encontrar a si mesmo. A vocação do homem à comunhão com Deus revela nossa dignidade (cf. Gaudium et Spes,19). "O desejo de Deus está inscrito no coração do homem, já que o homem é criado por Deus e para Deus; e Deus não cessa de atrair o homem a si, e somente em Deus o homem há de encontrar a verdade e a felicidade que não cessa de procurar" (Catecismo da Igreja Católica, 27). Dizia Santo Agostinho ao falar de sua procura por Deus: "...porque nos fizestes para vós e o nosso coração não descansa enquanto não repousar em vós" (Confissões, 1,1).

3. JESUS CAMINHO! ABRE MEU CORAÇÃO PARA ACOLHER A TUA VONTADE

- Organizar a encenação da passagem bíblica.
- Motivar a conversar, apropriando-se das perguntas e depois solicitar que registrem o que consideram importante para acolher a vontade de Deus em suas vidas.
  - Porque Zaqueu queria ver Jesus?
  - O que achamos da atitude de Jesus com Zaqueu?
  - O que esta história tem a ver conosco hoje? Quem são os Zaqueus de hoje?
  - Zaqueu quer ver Jesus. Qual é a conversão de Zaqueu a partir desse encontro?
  - Zaqueu subiu na árvore... É o primeiro passo da conversão... Nós precisamos nos converter? O que queremos ver?

4. JESUS VIDA! FORTALECE A MINHA VONTADE PARA VIVER A TUA PALAVRA

- Convidar os catequizados para rezar o mantra: E*is o tempo de conversão, eis o dia da salvação. Ao Pai voltemos, juntos andemos, eis o tempo de conversão.*
- Orientar os catequizandos para fazer silêncio. Cada um escrever a sua oração. Depois, convidar cada um a rezar em voz alta.
  - O que esta Palavra me faz dizer a Deus? Qual a oração que brota do nosso coração?
- Comentar: A Palavra de Deus nos mostrou o processo de conversão de Zaqueu. Estamos no tempo quaresmal, caminho de preparação para a Páscoa de Jesus. É tempo propício para revermos nossa vida, nossas ações e nossas atitudes.
- Orientar: Rezemos juntos o Salmo 50, acolhendo o perdão e a misericórdia de Deus nosso Pai.
- Ao final do Salmo, convidar cada um a repetir a frase que mais tocou.
- Motivar: Vamos colocar nossa mão na água e molhar nossos olhos dizendo: *Senhor, abre meus olhos para que eu possa te ver!*

Canto: *Queremos ver Jesus, Caminho Verdade e Vida.*

5. COMPROMISSO

- A conversão de Zaqueu consistiu em devolver o que havia roubado: "Vou dar a metade dos meus bens aos pobres"(conversão) e "o que roubei vou devolver quatro vezes mais".
- O que vamos fazer nesta quaresma para nos converter? O que Jesus nos pede?
- Escolher uma ação concreta com o grupo.

6. COMPREENDENDO A MISSA

O canto inicial é também chamado canto de entrada ou processional. O canto reúne o povo e acompanha a procissão de entrada, com o presidente da celebração e a equipe que exercerá os diversos ministérios e os símbolos que expressam o sentido da celebração (IG 25). A finalidade deste canto é abrir a celebração e promover a união da assembleia: criar clima de alegria e fraternidade. Tem, portanto, a função de introduzir a mente e o coração de todos no mistério do tempo litúrgico e da festa celebrada. Deve dispor a assembleia à escuta atenta da Palavra de Deus e à oração. Convoca a assembleia e une os corações no encontro com o ressuscitado.

Este canto deve criar o clima de festa e de comunhão fraterna no Senhor. É um canto de movimento processional e não de repouso. Por isso, deve ser alegre, dinâmico, cantado por toda a assembleia. Seu conteúdo deve introduzir ao Evangelho (Palavra) do dia para expressar e refletir o mistério celebrado do Cristo Pascal.

7. AVALIAÇÃO DO CATEQUISTA

Durante a semana, avaliar o encontro. Anotar os pontos fortes. Como se sentiu? Os objetivos foram alcançados? Quais foram as dificuldades encontradas?

12º Encontro

Campanha da Fraternidade

Preparando o encontro

A cada ano, a Igreja no Brasil convoca os cristãos para refletir sobre um assunto da nossa sociedade que faz as pessoas sofrerem. A Campanha da Fraternidade, iluminada pela Palavra de Deus, nos convida para ter atitudes novas em vista das novas relações entre as pessoas e a sociedade. É um convite à conversão e uma proposta para a solidariedade. Neste tempo, a Igreja, no Brasil, nos convida a refletir e organizar ações concretas, a partir de um desafio social que precisa de nossa participação e colaboração.

Objetivo: Estar em comunhão com a Igreja do Brasil, através de um gesto concreto, viver melhor o tempo de quaresma como um caminho de mudança de vida.

Preparação do ambiente: Providenciar o cartaz da Campanha da Fraternidade, a cruz e algum símbolo que envolva o tema da Campanha da Fraternidade.

1. MOMENTO DE ACOLHIDA E ORAÇÃO

- Convidar os catequizandos para:
    - Iniciar com o sinal da cruz.
    - Cantar: Hino da Campanha da Fraternidade.
- Iniciando a conversa:
    - Como estamos vivendo o nosso compromisso do encontro passado?
    - Alguém já ouviu alguma coisa sobre a Campanha da Fraternidade deste ano?

- Solicitar para que o catequizando escreva em seu caderno: o tema e o lema Campanha da Fraternidade (CF).

2. JESUS VERDADE! AJUDA-ME A CONHECER A TUA PALAVRA

- Leitura do texto bíblico: Ap. 21,1-8 (Pode-se escolher o texto indicado como iluminação da Campanha da Fraternidade do ano).
- Orientar os catequizandos a compreenderem melhor o texto:
    - Reconstruir o texto com as próprias palavras.
    - Citar personagens, ações, lugar, acontecimentos.

Para a reflexão do catequista

"Vi, então, um novo céu e uma nova terra. O primeiro céu e a primeira terra passaram..." O livro do Apocalipse nos apresenta a imagem de uma grande esperança para o futuro. É o projeto de Deus para uma nova sociedade. Atualmente, porém, as pessoas parecem estar perdendo a esperança de que seja possível um mundo diferente. Apesar das injustiças e sofrimentos do tempo presente, os cristãos devem ser testemunhas da esperança, porque acreditamos no projeto de Deus e queremos assumir nossas responsabilidades para realizá-lo. Quais são as esperanças que temos para o futuro de nossa sociedade?

"Vi também descer do céu, de junto de Deus, a Cidade Santa, uma Jerusalém nova..." (Ap 21,8). A imagem da cidade de Jerusalém, na Bíblia, significa a humanidade inteira: a cidade dos homens. É preciso olhar para a Jerusalém que vem do céu, isto é, compreender qual é o projeto de Deus para a humanidade, para podermos transformar este mundo terreno em que vivemos. A Campanha da Fraternidade quer nos ajudar a aprofundar o diálogo e a colaboração entre a Igreja e a sociedade, no serviço ao povo brasileiro, para construir o Reino de Deus entre nós. Como avaliamos a situação da sociedade atual? Quais são as mudanças necessárias?

"Aquele que está sentado no trono declarou: Eis que faço novas todas as coisas!". Jesus, ao vir a este mundo, viveu numa sociedade cheia de injustiças e lhe trouxe uma nova proposta: o Reino de Deus, onde todos são irmãos e irmãs, ninguém é excluído e ninguém passa fome. O Evangelho de Jesus exige a renovação. Os cristãos, como participantes ativos da sociedade, contribuem com seus valores e compromissos para construir um mundo mais fraterno e solidário, onde reine a justiça e a paz. Como podemos contribuir para renovar a nossa sociedade?

Obs.: Caso o catequista faça a escolha do texto bíblico proposto pela Campanha de Fraternidade do ano, sugere-se consultar o texto base para aprofundar o tema.

A Campanha da Fraternidade é realizada anualmente pela Igreja Católica Apostólica Romana no Brasil, no período da quaresma. Seu objetivo é despertar a solidariedade dos seus fiéis e da sociedade em relação a um problema concreto que envolve a sociedade brasileira, propondo caminhos de solução junto às comunidades cristãs. A cada ano é escolhido um tema, que expressa a realidade a ser transformada, e um lema com fundamentação bíblica, que direciona a busca de transformação. A Campanha é coordenada pela Conferência Nacional dos Bispos do Brasil (CNBB) e a Campanha propõe o gesto concreto que se expressa na coleta da solidariedade, realizada no Domingo de Ramos. É realizada em âmbito nacional, em todas as comunidades cristãs católicas cujos recursos são destinados ao apoio de projetos sociais da própria comunidade diocesana e o fortalecimento da solidariedade entre as diferentes regiões do país.

3. JESUS CAMINHO! ABRE MEU CORAÇÃO PARA ACOLHER A TUA VONTADE

- Para conversar com os seus catequizandos:
    - Que situação de morte a Campanha da Fraternidade quer denunciar?
    - O que eu penso dessa situação?
    - Como está a dimensão da fraternidade em nossas famílias, na comunidade e na sociedade?

4. JESUS VIDA! FORTALECE A MINHA VONTADE PARA VIVER A TUA PALAVRA

- Motivar: Cada catequizando a tocar na cruz e fazer um pedido expressando de que mal gostaria que Deus o libertasse. Após cada pedido, todos dizem o lema da Campanha da Fraternidade (CF).
- Rezar a oração da campanha.

5. COMPROMISSO

- Deixar de tomar um refrigerante ou comer um doce e colocar o dinheiro no envelope da Campanha da Fraternidade (CF).
- Podem escolher uma outra ação.
- Prever o material necessário para o próximo encontro. Ver a possibilidade de pensar a encenação do Evangelho da samaritana.

6. COMPREENDENDO A MISSA

Para o tempo da quaresma, que se estende da quarta-feira de cinzas até a manhã da quinta-feira Santa, é importante termos presentes alguns símbolos e cuidados. A cor litúrgica da quaresma é o roxo. É aconselhável que o espaço da celebração litúrgica fique mais despojado e sem flores, sem muito barulho de instrumentos musicais, sem o canto do aleluia e do glória. As cinzas, a cruz e a água são símbolos fortes deste tempo litúrgico. Os símbolos nos educam para um tempo de reconciliação, penitência e oração. É um convite à conversão e à mudança de vida. O tempo de quaresma é preparação pessoal para reservar energia para a grande festa da ressurreição. Ajuda a viver concretamente a quaresma também alguns símbolos ligados ao tema da Campanha da Fraternidade.

7. AVALIAÇÃO DO CATEQUISTA

- Durante a semana, avaliar o encontro. Anotar os pontos fortes. Como se sentiu? Os objetivos foram alcançados? Quais foram as dificuldades encontradas?

13º Encontro

Jesus é a água viva

Preparando o encontro

A quaresma é um tempo privilegiado e especial para a revisão do nosso modo de viver, pensar e agir. O tempo quaresmal tem duas características fortes: a batismal e a penitencial. É tempo de escutar a Palavra de Deus, da oração e da conversão. Ao assumir Jesus e o seu Evangelho, nos tornamos discípulos enviados para anunciar às pessoas o novo reinado do amor. Porque somos batizados, somos enviados.

Objetivo: Reforçar a caminhada quaresmal e buscar em Jesus a água viva para saciar a sede de vida e de dignidade.

Preparação do ambiente: Criar espaço circular, colocar um pano ou toalha roxa, vela, Bíblia, uma jarra com água e copinhos conforme o número de catequizandos. A frase: *Jesus é a água viva*. Se houver possibilidade, construir um pequeno poço. Letra do canto *Bendito o poço* (CD. Do jeito da vida - Pe. Loacir).

1. MOMENTO DE ACOLHIDA E ORAÇÃO

- Acolher com alegria cada um dos catequizandos, ajudando-os a sentir-se bem e desejarem participar do encontro.

- Comentar e partilhar com seus catequizandos: Estamos juntos mais uma vez. Queremos continuar nossa caminhada em preparação à Páscoa do Senhor Jesus. Vamos retomar o compromisso que assumimos no encontro passado.

  - O que assumimos? O que conseguimos realizar? Como nos sentimos vivendo este compromisso? (Deixar falar e partilhar.)

- Indicar a ler: Em nosso encontro de hoje, vamos rezar e compreender que Jesus é a água viva que renova nossa vida e nos ajuda a tomar um rumo novo na vivência da fé.
- Convidar para fazer o sinal da cruz.

2. JESUS VERDADE! AJUDA-ME A CONHECER A TUA PALAVRA

- Orientar: Todos de pé. Alguém ergue a Bíblia.

Canto: À escolha e adequado ao tema.

- Leitura do texto bíblico: Jo 4,1-30.
- Convidar os catequizandos para:
  - Retomar o texto, cada um lendo alguns versículos.
  - Recontar o texto em mutirão com o grupo.
  - Descrever quem são os personagens que aparecem.
  - Relatar onde acontece o fato.
  - Destacar o que chamou sua atenção.

Para reflexão do catequista

Samaria era uma cidade pagã. A mulher samaritana, que precisava de água viva do poço, representa a nação quase sem futuro (com sede) porque se desviou na vida como tantos samaritanos: pagãos, idólatras...

Jesus se encontra com a mulher e procura orientá-la na vida, a partir do projeto de Deus. É a partir da água que ela busca, Jesus, que lhe fala do Reino de Deus e da "água viva". Ela descobre essa fonte nova de vida em Cristo. Conhecendo Jesus, é ela que lhe pede água viva. "Dá-me de beber a água viva." No encontro, com Jesus, acolhe o verdadeiro marido e abandona a idolatria. A samaritana fez uma opção pessoal por Cristo "em espírito e verdade". O lugar não é mais importante. O fundamental é a decisão. Ela mudou a sua vida anterior (deixa o cântaro). Descobre Jesus como Messias, o Salvador. Torna-se missionária com os demais. Todos os batizados na "água viva" de Jesus Cristo se tornam discípulos missionários a serviço da vida.

Documentos da Igreja para a reflexão do catequista

Segundo Santo Agostinho, a mulher samaritana é "imagem da Igreja", de todos os discípulos. "Mas aquele que pedia de beber tinha sede da fé daquela mulher. [...] (Jesus) pede de beber e promete dar de beber. Apresenta-se como necessitado que espera receber, mas possui em abundância para saciar os outros. [...] Que água lhe daria Ele, senão aquela da qual está escrito: 'Em vós está a fonte da vida? (Sl 35,10). Pois como podem ter sede os que vêm saciar-se na abundância de vossa morada? (Sl 35,9). O Senhor prometia à mulher um alimento forte, prometia saciá-la com o Espírito Santo" (Tratados sobre o Evangelho de São João 15,10-12.16-17). Os textos referem-se ao nosso batismo, como podemos ver no Prefácio da Oração Eucarística: "Ao pedir à samaritana que lhe desse de beber, Jesus lhe dava o dom de crer. E, saciada sua sede de fé, lhe acrescentou o fogo do amor." E na oração da coleta deste dia reza-se: "Ó Deus, fonte da vida, vós ofereceis à humanidade ardente de sede a água viva da graça que brota da rocha, Cristo Salvador; concedei ao vosso povo o dom do Espírito Santo, a fim de que saiba professar com força a sua fé e anuncie com alegria as maravilhas do vosso amor".

3. JESUS CAMINHO! ABRE MEU CORAÇÃO PARA ACOLHER A TUA VONTADE

- Convidar os catequizandos a responder e conversar sobre:
  - O que esta Palavra de Deus ensina para nós, catequizandos? Para a nossa comunidade? Para a realidade que nos cerca?
  - Em quem e onde os batizados buscam a "água viva" nos dias de hoje?
  - Quais são as sedes que você identifica em sua comunidade e em nosso grupo? Fazer uma lista.
  - Que água encontramos para viver com dignidade no Caminho de Iniciação à Vida Cristã? Fazer uma lista.

- Organizar a encenação do texto bíblico em torno do poço (caso houver, ou criando um espaço para isto).
- Encaminhar os catequizandos a ler juntos a letra do canto *Bendito o poço* (CD do jeito da vida - Pe. Loacir) e depois conversar sobre o que ela diz, quais apelos faz a cada um.
- Comentar e questionar: Pedir e dar água é um gesto de acolhida, de solidariedade e de hospitalidade. Como podemos ter destes gestos em nossas famílias, em nosso grupo, com os amigos e na comunidade?
- Orientar que cada um escreva quatro ações, gestos ou atitudes que devolvem dignidade à pessoa humana e que a faz viver em plenitude.

(Deixar um tempo e depois fazer o grupo partilhar.)

4. JESUS VIDA! FORTALECE A MINHA VONTADE PARA VIVER A TUA PALAVRA

- Orientar todos para ficarem de pé ao redor do poço ou da jarra com água que está no meio do grupo. Alguém ergue a jarra com água, todos estendem a mão em direção a água e acompanham a oração.

Oração: *Senhor Jesus que disseste, "Eu sou a água viva. Quem beber da água que eu lhe der nunca mais terá sede". Nós te pedimos, Senhor, abençoa esta água. Fazei que seja sinal de vida, esperança e alegria. Por Cristo nosso Senhor. Amém.*

(O catequista coloca um pouco da água nos copos para que cada um possa beber.)

- Convidar o grupo para fazer preces espontâneas. Após cada prece responder: *Senhor, dá-me de beber/ desta água pura que nos faz viver.*
- Rezar juntos o Pai-Nosso de mãos dadas.

5. COMPROMISSO

- Retomar as atitudes e os gestos escritos pelos catequizandos como sinais de solidariedade e escolher um ou dois para viver nesta semana concretamente.

6. COMPREENDENDO A MISSA

O sinal da cruz: O padre inicia a missa com o sinal da cruz. Lembra a cruz de Cristo e a salvação que ele trouxe por sua morte. A mão toca a cabeça e o coração. É a haste vertical da cruz. Une o céu (quando falamos Pai) com a terra (quando falamos Filho). Depois a mão vai de ombro a ombro ao pronunciar o Espírito Santo. É a haste horizontal da cruz. É um gesto que abraça toda a humanidade. Indica TAMBÉM QUE REALIZAMOS ESTA AÇÃO LITÚRGICA EM NOME DA TRINDADE SANTA.

A nossa fé, o nosso amor e os nossos sentimentos são manifestados através dos gestos, das palavras, do canto, da posição do corpo e também do silêncio. Tanto o canto como o gesto, ambos dão força à Palavra. A oração não diz respeito apenas à alma do homem, mas ao homem todo, que é também corpo. O corpo é a expressão viva da alma.

Sentado: É uma posição cômoda, uma atitude de ficar à vontade para ouvir e meditar, sem pressa.

Em pé: É uma posição de quem ouve com atenção e respeito. Indica a prontidão e disposição para obedecer (Posição de orante).

De joelhos: Posição de adoração a Deus diante do Santíssimo Sacramento e durante a consagração do pão e vinho.

Genuflexão: É um gesto de adoração a Jesus na Eucaristia. Fazemos quando entramos na Igreja e dela saímos, se ali existir o Sacrário.

Inclinação: Inclinar-se diante do Santíssimo Sacramento é sinal de adoração.

Mãos levantadas: É atitude dos orantes. Significa súplica e entrega a Deus.

Mãos juntas: Significam recolhimento interior, busca de Deus, fé, súplica, confiança e entrega da vida.

Silêncio: O silêncio ajuda o aprofundamento nos mistérios da fé. Fazer silêncio também é necessário para interiorizar e meditar, sem ele a missa seria como chuva forte e rápida que não penetra na terra.

7. AVALIAÇÃO DO CATEQUISTA

Durante a semana, avaliar o encontro. Anotar os pontos fortes. Como se sentiu? Os objetivos foram alcançados? Quais foram as dificuldades encontradas?

Quaresma: tempo de fazer escolhas

14º Encontro

―― Preparando o encontro ――

Conhecer a proposta de Jesus que é servir a Deus, conhecer a sua vontade, viver o amor e colocar-se a serviço do bem comum. É superar a tentação do prestígio, da dominação e da idolatria.

Objetivo: Intensificar o espírito quaresmal em preparação à Páscoa do Senhor, superando as tentações e vivendo a vontade de Deus.

Preparação do ambiente: Ambiente circular com um pano ou toalha roxa, vela, Bíblia, a cruz e pequenas folhas de papel.

1. MOMENTO DE ACOLHIDA E ORAÇÃO

- Motivar: Sejam todos bem-vindos, bem-vindas para este nosso encontro. É sempre motivo de festa e de alegria estarmos juntos. Vamos nos saudar e desejar um ao outro um bom encontro.

Canto: Escolher um canto adequado de acolhida.

- Comentar: Estamos reunidos em nome do Senhor. É em nome Dele que vamos realizar este encontro de irmãos e irmãs. Façamos o sinal da cruz.

- O catequista convida a partilhar os compromissos assumidos no encontro anterior:
  - O que conseguiram realizar? Como se sentiram?
  - Se não conseguiram, quais são os motivos?

- Iniciando a conversa:

Hoje vamos refletir sobre consequências do rompimento com Deus e seu projeto pelo pecado do ser humano. A liberdade concedida por Deus a nós compreende a responsabilidade pela criação e pela sociedade.

Nossas escolhas têm consequências para nós, nossas famílias, comunidades e sociedade.

- Motivar os catequizandos a pensar perguntando:
  - Como saber se estamos realizando o projeto de Deus?
  - Quais são as escolhas que não favorecem vivermos conforme Deus quer?
- Nos outros anos refletimos sobre a quaresma:
  - O que a quaresma significa para nós?
  - O que sabemos sobre este tempo?
  - O que a liturgia nos oferece? (Deixar um tempo para conversar.)
- Cantar uma música apropriada com o tema – ou o Hino da Campanha da Fraternidade.

2. JESUS VERDADE! AJUDA-ME A CONHECER A TUA PALAVRA

- Leitura do texto bíblico: Dt, 30, 15-20.
- Convidar para:
  - Reler o texto em silêncio.
  - Recontar o texto em mutirão.
  - Destacar as opões que Deus coloca para seu povo.
  - Partilhar: Quais são as consequências do rompimento da aliança com Deus?

Para reflexão do catequista

Moisés avançara em anos e estava prestes a passar a liderança do povo de Israel a Josué. A sua missão havia sido exitosa. Deus o abençoou generosamente à frente de seu povo. Antes de dar a incumbência a Josué, Moisés, sob a inspiração divina, transmite princípios, que se observados pelo povo, fariam deles uma nação poderosa para vencer seus inimigos na conquista da terra prometida. No entanto, romper com os princípios era vislumbrar o fracasso.

Há dois caminhos diante de Israel, e de todas as pessoas: a vida e morte.

A questão de "vida" ou "morte", na forma como é colocada por Moisés, envolvia uma avaliação séria do povo na tomada de decisão. A palavra "vida" significa "vivente", "vivo", uma referência tanto à vida animal e vegetal, como também à vida humana. Para o ser humano, uma vida é longa e próspera. A palavra "morte", é "morrer prematuramente". Diante da escolha proposta, o povo de Deus iria prolongar a vida de maneira próspera, ou morrer na miséria antecipadamente.

As palavras e os conceitos foram colocados ao povo de Israel como opção. Teriam eles liberdade para escolher entre viver ou morrer, praticar o bem ou o mal, serem abençoados ou amaldiçoados. Porém, ao optarem pelo lado mal, iriam sofrer as consequências da escolha.

Hoje também, como povo de Deus, a mesma opção é dada pelo Senhor. Muitos trilham o caminho da morte, do mal e da maldição. Por esta razão, estão em constante sofrimento e dor.

Para os cristãos, a defesa da vida humana está acima de toda e qualquer circunstância. O ser humano, é imagem de Deus. A vida é sagrada. O ser humano precisa fazer uma escolha entre o bem e mal. Através de Cristo há novas possibilidades. Ele é a garantia da vida nova.

Documentos da Igreja para a reflexão do catequista

A quebra da aliança pelos seres humanos levou desarmonia à convivência com Deus e com a natureza, com reflexo nas relações sociais. O Primeiro Testamento traz exemplos de como o pecado se manifesta na vida social: violência, guerras, traição, injustiças. Alguns fatos são bem conhecidos.

Caim matou Abel no desejo de ser melhor do que seu irmão (Gn 4,8). A Torre de Babel é expressão da busca de segurança, mas gerou profunda divisão (Gn 11,1-9). José, filho de Jacó, foi vendido como escravo pelos irmãos, por ciúmes da estima de seu pai por ele (Gn 37,25-28).

Na história de Israel, o pecado se manifesta muitas vezes como infidelidade ao Deus da aliança. O povo deixava de servir a Deus e servia aos "falsos deuses": os ídolos. Os profetas denunciavam essas atitudes, que geravam injustiça e falta de fraternidade com os pobres, fracos e excluídos.

Os males presentes em nossa sociedade fragilizam os laços entre as pessoas, nas famílias, nas comunidades. Cada vez que um de nós escolhe o bem contribui para o crescimento do Reino de Deus, cada vez que escolhe o pecado, faz crescer o mal no mundo.

O Catecismo da Igreja n.1733, diz: "Quanto mais se pratica o bem, mais a pessoa se torna livre. Não há verdadeira liberdade a não ser a serviço do bem e da justiça. A escolha da desobediência e do mal é um abuso de liberdade e conduz à escravidão do pecado".

Jesus também viveu numa sociedade com injustiças. Quando o homem rompe com Deus, rompe também com seu irmão. Jesus quis resumir toda a lei em dois preceitos: o amor a Deus e o amor ao próximo (Mt 22,37-40). Ele propôs um novo modo de viver: amor e cuidado pelos pequenos, pobres e marginalizados de seu tempo.

3. JESUS CAMINHO! ABRE MEU CORAÇÃO PARA ACOLHER A TUA VONTADE

- O que a Palavra de Deus que ouvimos nos diz? Que ensinamentos ela nos dá?
- Orientar:
  - Escrever nos pedaços de papel que estão preparados quais são as escolhas de morte que hoje fazem os cristãos se afastarem de Deus, da sua Palavra e da sua vontade.
  - Colocar os papéis no chão em forma de cruz.
- Para conversar:
  - Como podemos vencer as diferentes mortes que nos são apresentadas a cada dia da vida?
  - Qual é o projeto que escolhemos?
  - Para Jesus, a vida das pessoas e a liberdade e a justiça estavam em primeiro lugar. Quais são nossas escolhas?

4. JESUS VIDA! FORTALECE A MINHA VONTADE PARA VIVER A TUA PALAVRA

- Convidar os catequizandos a ficar em silêncio diante da cruz e da Palavra e fazer a oração pessoal a Deus. (Deixar um tempo de silêncio e oração pessoal.)

- Convidar para rezar a letra do canto *Em prol da vida* (Pe. Zezinho), em atitude de quem acolhe o amor, a misericórdia e o projeto de Deus Pai que quer a vida plena para todos.

  (Se houver possibilidade, projetar imagens relatadas no canto ou escolher gravuras a apresentá-las).

- O catequista toma a cruz e a faz passar de mão em mão. Cada um faça um gesto. Pode beijar a cruz ou conforme o coração inspirar.

5. COMPROMISSO

- A quaresma é um convite forte ao jejum, à oração e à caridade.
- Orientar: São muitos os tipos de jejuns que podemos fazer. Escolher, individualmente ou como grupo, uma dentre as sugestões abaixo, para viver nesta semana. Ajudar a família a realizar o mesmo.

  - Quem gosta de comer doces, diminui seu consumo; quem costuma gastar muito, faça o exercício de gastar menos e somente o necessário; quem gosta de ficar na televisão ou no computador por muito tempo, diminuir e selecionar os programas que assiste.

  - Fazer o jejum das palavras, diminuir as fofocas, não falar mal dos outros, falar o bem dos outros; quem tem o hábito de jogar lixo no chão, na rua e em qualquer lugar, criar o hábito de selecionar e colocá-lo no lugar certo.

Lembrete:

Para o próximo encontro, prever a encenação do texto do Evangelho indicado. Cada um traz algo para partilhar e confraternizar no final do encontro.

6. COMPREENDENDO A MISSA

A saudação inicial: Depois do sinal da cruz, o padre, com as palavras do livro ou suas próprias palavras, deseja que o amor da Trindade esteja com toda a assembleia. Ela responde: "Bendito seja Deus que nos reuniu no amor de Cristo". É um gesto de acolhida. Todos estão na missa por causa da fé em Cristo Jesus. As pessoas devem se acolher entre si para que todos se sintam bem como irmãos.

7. AVALIAÇÃO DO CATEQUISTA

Durante a semana, avaliar o encontro. Anotar os pontos fortes. Como se sentiu? Os objetivos foram alcançados? Quais foram as dificuldades encontradas?

O discípulo faz a experiência da misericórdia do Pai

15º Encontro

Preparando o encontro

Deus nos ama com uma ternura sem limites. Reconhecendo nossas limitações e imperfeições, precisamos sempre retornar ao caminho do amor. A experiência do amor de Deus nos anima a querer bem às pessoas. Quaresma é tempo de retomar o caminho. É o tempo de voltar para o Pai que nos ama primeiro. Retornar aos braços do Pai é sentir o amor, a acolhida e a alegria. A festa do reencontro é sentir-se abraçado na misericórdia do Pai.

Objetivo: Ajudar o catequizando a fazer a experiência da misericórdia de Deus Pai que ama, acolhe e faz festa.

Preparação do ambiente: Criar um espaço bem familiar, aconchegante, com a vela, a Bíblia, a água, as flores e uma mesa para colocar o alimento que será partilhado no final do encontro. Escrever as palavras: misericórdia, perdão, reconciliação, acolhida, amor...

1. MOMENTO DE ACOLHIDA E ORAÇÃO

- O catequista acolhe cada catequizando com alegria e com um abraço.
- Convidar para repetir a frase em forma de mantra: *Onde reina o amor, fraterno amor, Deus aí está.* (Acender a vela.)
- Motivar a iniciar o encontro cantando o sinal da cruz e depois a rezar juntos:

Oração: *Ó Pai, fonte de luz e de vida. Por teu filho Jesus Cristo, reconciliaste a humanidade dividida. Arranca de nós toda a sombra de tristeza e liberta-nos totalmente. Ajuda-nos a caminhar cheios de alegria para as festas pascais que se aproximam. Por Cristo, nosso Senhor. Amém.*

- Iniciando a conversa:
    - Retomar os compromissos do encontro passado, incentivando os catequizandos com as perguntas:
        - O que cada um assumiu? O que conseguiu realizar?
        - Como nos sentimos nesta experiência?
        - Sugere-se o canto: *Somos gente da esperança*.

2. JESUS VERDADE! AJUDA-ME A CONHECER A TUA PALAVRA

- Leitura do texto bíblico: Lc 15,11-32.
- Convidar a reler o texto de forma dialogada. Para isso, organizar o grupo distribuindo os personagens correspondentes.
- Motivar a refletir e conversar sobre:
    - Quais são os personagens e o que cada um faz?
    - Quais atitudes dos personagens chamam a nossa atenção?
    - Qual a frase que ficou mais forte em mim?

Para reflexão do catequista

Na parábola dos dois filhos, Jesus revela o perdão e a misericórdia de Deus, contextualizando personagens tão próximos em situação fácil de ser compreendida. Por isso, esta parábola é uma das mais conhecidas e meditadas pelos cristãos. Com muita frequência, é o texto mais lido no tempo da quaresma.

A parábola mostra a imensa misericórdia de Deus para com o homem pecador, mas também as disposições do pecador para encontrar a misericórdia.

O amor misericordioso de Deus, mais forte que as falhas humanas, é representado pelo filho mais novo que sai de casa. Embora a motivação de seu retorno não seja a conversão, mas a necessidade de sobreviver, o fato de ter reconhecido seu erro foi suficiente para ser visto e acolhido, mesmo ao longe, pela compaixão do Pai. Desta maneira, o gesto de retornar demonstra a iniciativa da gratuidade do amor do Pai que se adiantou no encontro, correndo, lançando-se ao pescoço do filho e cobrindo-o de beijos.

Entretanto, no exato momento em que o amor paterno atingiu o seu auge pelo ritual da festa, entra em cena o filho mais velho, representando os fariseus e os escribas que murmuravam contra o hábito de Jesus receber e comer com os pecadores.

A parábola expõe a necessidade de conversão para todos, tanto aqueles que se enquadram melhor na figura do filho mais velho, quanto aqueles que se veem espelhados no mais novo, pois na realidade, todos nós somos pecadores. O pai é o mesmo e age de forma idêntica e vai ao encontro dos dois filhos. A diferença está na atitude dos irmãos. Um se reconhece pecador e muda de vida. O outro se julga justo e não se deixa transformar, pelo contrário, fecha-se à imensa misericórdia do pai e ao perdão fraterno.

É preciso que nos deixemos aconchegar pelo abraço misericordioso do Pai. Ele quer que todos tenham vida plena.

Documentos da Igreja para a reflexão do catequista

"O dinamismo da conversão e da penitência foi maravilhosamente descrito por Jesus na parábola do 'filho pródigo', cujo centro é o 'pai misericordioso' (cf. Lc 15,11-24): o fascínio de uma liberdade ilusória, o abandono da casa paterna; a extrema miséria em que se encontra o filho depois de esbanjar sua fortuna; a profunda humilhação de ver-se obrigado a cuidar dos porcos e, pior ainda, de querer matar a fome com a sua ração; a reflexão sobre os bens perdidos; o arrependimento e a decisão de declarar-se culpado diante do pai; o caminho de volta; o generoso acolhimento da parte do pai; a alegria do pai: tudo isso são traços específicos do processo de conversão. A bela túnica, o anel e o banquete da festa são símbolos desta nova vida, pura, digna, cheia de alegria, que é a vida do homem que volta a Deus e ao seio de sua família, que é a Igreja. Só o coração de Cristo que conhece as profundezas do amor do Pai pôde revelar-nos o abismo de sua misericórdia de uma maneira tão simples e tão bela" (Catecismo da Igreja Católica, 1439).

3. JESUS CAMINHO! ABRE MEU CORAÇÃO PARA ACOLHER A TUA VONTADE

- Encaminhar uma conversa a partir das questões:
  - O que esta Palavra diz para nós?
  - Qual a lição que nos dá?
  - Na vida das pessoas e da sociedade, como são tratados e acolhidos os que erram?
- Fazer um paralelo entre:
  a) a atitude do filho mais novo;
  b) a atitude do Pai;
  c) a atitude do filho mais velho.
  - O que estas atitudes nos ensinam?
  - Quais destas atitudes são importantes para a nossa vida e para viver bem com as pessoas?
  - Conhecem exemplos parecidos?
- Comentar que a música *O Viajante*, do Pe. Zezinho, ajuda a retomar o texto bíblico e convidar os catequizandos a cantá-la com atenção.
- Depois conversar sobre letra:
  - Qual a expressão que mais nos tocou? Por quê?
  - Que ensinamento nos oferece?

4. JESUS VIDA! FORTALECE A MINHA VONTADE PARA VIVER A TUA PALAVRA

- Motivar dizendo: "Façamos silêncio em nosso coração para interiorizar a riqueza desta Palavra e ver o que ela nos faz dizer a Deus" (deixar um tempo de silêncio). Incentivar a escrever no caderno.
- Convidar: Em pé, ao redor da água, fazer o gesto de lavar-se. Pedir ao Senhor para purificar os nossos erros, as faltas e as dificuldades de acolher e de perdoar. Tocar na água e após, rezar juntos:

Oração: *Pai querido! Nos escolheste para sermos teus filhos e filhas, santos em tua presença e felizes em tua casa. Aceita o nosso pedido de perdão e reconcilia-nos contigo e com nossos irmãos, neste tempo em que nos preparamos para celebrar a Páscoa do teu filho Jesus. Faze que vivamos cheios de caridade e de alegria, a cada dia da nossa vida, como teus discípulos e discípulas amados. Por Cristo, nosso Senhor. Amém.*

- Convidar para o abraço de acolhida aos colegas.
- A seguir, o catequista convida para estender a mão sobre os alimentos trazidos e invoca a bênção de Deus, dizendo:

O Senhor nos abençoe e nos guarde. Amém.

O Senhor abençoe este alimento que será partilhado entre nós. Amém.

O Senhor nos fortaleça na missão e no compromisso em acolher e perdoar sempre. Amém.

- Após, todos partilham os alimentos.

5. COMPROMISSO

- Diante da Palavra de Deus, o que podemos assumir concretamente nesta semana?
- Quem sabe, ir ao encontro de pessoas de quem nos afastamos, oferecendo acolhida e perdão?
- Que gestos e que atitudes podemos ter em relação às pessoas?
- No final do encontro, fazer um momento de festa e confraternização, a exemplo do pai bondoso que fez festa pela volta do filho, partilhando os alimentos trazidos pelos catequizandos.

6. COMPREENDENDO A MISSA

Ato penitencial: É o momento de todos pedirmos perdão a Deus. Cada membro da assembleia tem suas fraquezas, limitações, misérias. Pedimos perdão por todos os pecados que cometemos e que fazem mal a nós, a nossos irmãos, a natureza e não agradam a Deus. O arrependimento deve ser verdadeiro e sincero. Deus, por sua imensa misericórdia, nos perdoa e nos devolve a dignidade de filhos e filhas. O ato penitencial pode ser rezado ou cantado.

7. AVALIAÇÃO DO CATEQUISTA

Durante a semana, avaliar o encontro. Anotar os pontos fortes. Como se sentiu? Os objetivos foram alcançados? Quais foram as dificuldades encontradas?

16º Encontro

Bendito o que vem em nome do Senhor

Preparando o encontro

Existem dois projetos no mundo. O projeto da força, da guerra, do domínio, da exclusão que privilegia a alguns e deixa a maioria na pobreza. O projeto da humildade, do serviço fraterno, da solidariedade que busca o bem comum. Podemos escolher: seguir Jesus ou deixá-lo de lado.

Objetivo: Ajudar os catequizandos a compreender o verdadeiro sentido da celebração de ramos como preparação à Semana Santa.

Preparação do ambiente: Uma cruz enfeitada com ramos verdes, um pano vermelho, a Bíblia e a vela e um ramo verde para cada catequizando; escrever bem destacada a frase: *Bendito o que vem em nome do Senhor!*

1. MOMENTO DE ACOLHIDA E ORAÇÃO

- Acolher a todos com alegria, desejar um bom encontro e convidar para um canto de acolhida.
- Solicitar aos catequizandos que observem o cenário e leiam o texto que segue, em seus cadernos:
   - Estamos reunidos como irmãos. O encontro de hoje nos conduz para caminharmos com o Senhor da Cruz até a Ressurreição. Ajuda-nos a viver os momentos fortes da entrega de Jesus que doa a vida por amor. Hoje, saudamos com Hosana ao Filho de Davi, "aquele que vem em nome do Senhor".

- Motivar a recordar os compromissos assumidos no encontro passado e partilhar:
  - O que cada um conseguiu viver e o que ainda vai continuar se comprometendo a viver?

    (Deixar um tempo para cada um partilhar o que viveu na semana.)
- Convidar para fazer o sinal da cruz.

2. JESUS VERDADE! AJUDA-ME A CONHECER A TUA PALAVRA

- Leitura do texto bíblico: Mt 21,1-11.
- Reler o texto convidando os catequizandos para que tenham em suas mãos os ramos verdes e acenem os mesmos ao ler o versículo 9: *Hosana ao Filho de Davi! Bendito o que vem em nome do Senhor.*
- Orientar para refletir e conversar:
  - Quem aparece no texto?
  - Para onde estão se dirigindo?

> **Para reflexão do catequista**
>
> O texto descreve o trajeto de Jesus e seus discípulos que iam da Betânia para Jerusalém, a grande capital e centro de toda a vida política e econômica do país. Próximos ao Monte das Oliveiras a caminhada termina com sua triunfal chegada, onde foi recebido com festas, com tapetes e ramos espalhados pelas ruas. O povo estava maravilhado com Jesus, porque Ele realizava muitos milagres. Foi, então, recebido com gritos de alegria, com esperança, sinal do resgate da vida e da liberdade, contra a escravidão política, econômica e religiosa daquele tempo.
>
> Jesus entrou em Jerusalém montado num jumentinho. Trata-se do jegue, animal que é muito usado no nordeste brasileiro. Jesus é Rei manso, humilde e pacífico. Também é Rei forte e firme, porque faz justiça devolvendo vida aos excluídos, humildes e necessitados. O povo o reconhece como seu Rei e seu Salvador. Por isso, estendem

seus ramos e seus mantos à sua passagem. Gritavam "Hosana! O Filho de Davi", "Bendito o que vem em nome do Senhor".

Hosana significa: Dá-nos a salvação. O povo clamava por justiça. Hoje a nossa sociedade também grita por justiça e misericórdia.

E o que é a glória do Senhor? É sem dúvida nenhuma a cruz sobre a qual Cristo foi glorificado, Ele, o esplendor da glória do Pai. Ele mesmo o dissera, ao aproximar-se a sua Paixão: "Agora foi glorificado o Filho do Homem e Deus foi glorificado". A glória de que aqui se fala é a sua subida à cruz. Sim, a cruz é a glória de Cristo e a sua exaltação.

"Bendito o que vem em nome do Senhor" quer dizer que a nossa alegria é grande, porque de agora em diante não estamos desamparados no mundo, mas temos a proteção de Cristo que vem em nome so Senhor.

"Bendito o que vem em nome do Senhor" é a aclamação do mistério da nossa fé, é o desejo de sermos fiéis discípulos missionários pela causa da justiça. Aclamar a Jesus como Rei e como Bendito é abraçar a sua causa, promover a vida e clamar em alta voz por vida plena e em abundância.

Documentos da Igreja para a reflexão do catequista

O significado da celebração do Domingo da Paixão do Senhor está bem resumido na motivação inicial da celebração: "Durante as cinco semanas da Quaresma preparamos os nossos corações pela oração, pela penitência e pela caridade. Hoje aqui nos reunimos e vamos iniciar, com toda a Igreja, a celebração da Páscoa de nosso Senhor. Para realizar o mistério de sua morte e ressurreição, Cristo entrou em Jerusalém, sua cidade. Celebrando com fé e piedade a memória desta entrada, sigamos os passos de nosso Salvador pra que, associados pela graça à sua cruz, participemos também de sua ressurreição e de sua vida" (Missal Romano). "O 'Rei da Glória' (Sl

> 24,7-10) entra na sua cidade 'montado em um jumento' (Zc 9,9): não conquista a Filha de Sião, figura da sua Igreja, pela astúcia nem pela violência, mas pela humildade que dá testemunho da Verdade. Por isso, os súditos do seu Reino, nesse dia, são as crianças e os 'pobres de Deus', que o aclamam como os anjos o anunciaram aos pastores" (Catecismo da Igreja Católica, 559).

3. JESUS CAMINHO! ABRE MEU CORAÇÃO PARA ACOLHER A TUA VONTADE

- Convidar a confrontar a Palavra de Deus com a nossa vida, com a realidade que nos cerca e perceber o que ela diz para cada um. Para isso, orientar a pensar a partir das seguintes questões:
  - O povo aclamava Jesus como rei. Qual é a imagem de rei do povo daquele tempo?
  - Qual é a imagem de Rei que Jesus veio mostrar?
  - Quem é aclamado no mundo de hoje, na nossa igreja e em nossa comunidade?
- Deixar um tempo para que pensem e solicitar para que completem a frase em seus cadernos.

  A Palavra de Deus me diz...

4. JESUS VIDA! FORTALECE A MINHA VONTADE PARA VIVER A TUA PALAVRA

- Fazer um momento de silêncio e oração pessoal diante da Palavra que refletimos. Pedir que a escrevam em seu caderno.
- Organizar uma pequena caminhada, com a cruz, com a vela, a Bíblia e os ramos indo até à Igreja ou em volta dela, cantando *"Hosana hey!"* (preparar a letra do canto).
- Convidar a fazer preces espontâneas e após cada prece responder: "Bendito o que vem em nome do Senhor".
- Orientar a rezar juntos:

  Ó Deus, com ramos de oliveira, as crianças e os pobres aclamaram Jesus ao entrar na cidade santa. Nós te pedimos: abençoa nossa comunidade e o nosso grupo aqui reunido com ramos nas mãos. Ajuda-nos a ser um ramo verde capaz de produzir frutos do Reino de Deus. Faze que este seja o sinal da vitória da Páscoa do Cristo. Fortalece-nos para que neste mundo ameaçado pela violência, pelas guerras e pelas catástrofes, lutemos juntos para uma cultura de paz e de vida.

Todos: Amém.

- Rezar juntos o Pai-Nosso.

5. COMPROMISSO

- Nesta Semana Santa, vamos seguir os passos de Jesus, participando das celebrações do tríduo pascal: Quinta-feira Santa, a celebração da Ceia, na Sexta-feira Santa, a celebração da cruz, e no sábado a grande celebração da Vigília Pascal. Convidar a família para participar das celebrações na comunidade.

6. COMPREENDENDO A MISSA

Glória: O *Glória* é um hino antiquíssimo e venerável, pelo qual a Igreja glorifica a Deus Pai e ao Cordeiro. Pode ser rezado ou cantado. Não constitui aclamação trinitária, isto é, louvor ao Pai, ao Filho e ao Espírito Santo. Louvamos ao Pai e ao Filho, expressando a nossa alegria de filhos de Deus. O hino do *Glória* pode ser rezado ou cantado.

7. AVALIAÇÃO DO CATEQUISTA

Durante a semana, avaliar o encontro. Anotar os pontos fortes. Como se sentiu? Os objetivos foram alcançados? Quais foram as dificuldades encontradas?

Vigília Pascal: Aleluia!

17º Encontro

— Preparando o encontro —

A escuridão do mundo e do coração humano, provocada pelo egoísmo e pelos projetos de morte, da mentira e do engano é vencida pela Luz que é Cristo. Somos escolhidos para anunciar e testemunhar o Evangelho de Jesus Cristo, vivo e ressuscitado.

Objetivo: Compreender melhor o sentido da Vigília Pascal e sua simbologia para vivenciá-la com ardor pessoal, na participação comunitária e no testemunho social.

Preparação do ambiente: A Bíblia, uma vela bonita enfeitada, (onde for possível, um pequeno Círio Pascal), um pote com água, uma toalha ou pano branco.

1. MOMENTO DE ACOLHIDA E ORAÇÃO

- Iniciar acolhendo bem os catequizandos. Com alegria, cantar o sinal da cruz.

Canto: *Eu quero ver, que quero ver, acontecer* (Zé Vicente).

- Comentar: No encontro de hoje, queremos compreender melhor a Vigília Pascal e nos preparar para vivenciar com toda a intensidade a maior celebração, a celebração mãe de todas as celebrações. Na Vigília Pascal, fazemos memória das maravilhas de Deus na história, renovamos a nossa consagração ao Deus libertador que pelo batismo nos chamou das trevas à luz, da escravidão à liberdade, da morte para a vida.

- Iniciando a conversa:
    - O que cada um já sabe, conhece e lembra da Vigília Pascal (símbolos, gestos, cores...)? (Deixar falar).

- Como você costuma participar da Vigília Pascal?
- O que ela significa em sua vida?

2. JESUS VERDADE! AJUDA-ME A CONHECER A TUA PALAVRA

- Leitura do texto bíblico: Ex 14, 15-31.
- Reler o texto. Cada um lê um versículo.
- Destacar os personagens e o que cada um realiza.
- Que imagens aparecem no texto?
- Qual a expressão ou imagem que ficou marcada em nós?

Para reflexão do catequista

Para entender esse texto da passagem do mar é necessário saber que os hebreus ficaram escravos dos faraós no Egito durante séculos. Foi por meio de Moisés que Deus fez acontecer a libertação dos hebreus. O faraó, como não queria perder os escravos, os persegue.

Enfrentam um drama quando ficam encurralados entre o mar e as tropas do faraó. Conforme a Bíblia, as águas dão caminho aos hebreus para fugirem e serem pessoas livres. Com isso, estão afirmando que Deus faz tudo funcionar a favor da liberdade e não da escravidão: o vento e o mar são a favor deles e contra os opressores. Ao mesmo tempo afirmam que a liderança do ser humano (Moisés) não tem toda luz sem Deus. Deus é pelo povo e Moisés é instrumento para a libertação.

Ao amanhecer, os hebreus ficaram livres. Passando pelo mar, começam a longa caminhada para ser o Povo de Deus, livre e justo. A passagem da vida escrava para a vida livre e justa, associada à passagem do mar, originou o sentido da Páscoa: passagem da morte para a vida nova. É claro que muito do que é descrito na passagem do mar é feito de maneira exagerada. Porém, a forma da linguagem, em suas expressões, dá importância à libertação e à vivência do projeto de Deus.

Documentos da Igreja para a reflexão do catequista

O sentido da Vigília Pascal é a alegria porque já estamos vivendo a Páscoa que celebramos no rito. Assim nos diz Santo Agostinho: "Nesta vigília, nós não esperamos o Senhor como se ele ainda devesse ressuscitar, e sim renovamos com solenidade anual a lembrança da sua ressurreição. Nesta celebração, porém, o passado é por nós trazido à memória de modo que esta nossa vigília signifique também alguma coisa daquilo que, com a fé, fazemos na vida" (Sermão Wilmart 4,3). Um testemunho do século III, da Didascalia siríaca nos relata o espírito desta noite santa: "Durante a noite toda, permanecei reunidos juntos, despertos e vigilantes, suplicando e orando, lendo os profetas, o evangelho e os salmos, com temor e assídua súplica, até a madrugada, passado o sábado: então rompei vosso jejum... Depois oferecei vossos sacrifícios, comei e alegrai-vos, gozai e exultai porque Cristo ressuscitou, penhor de nossa ressurreição e isto seja legítimo para vocês perpetuamente até o fim do mundo" (V, 17-19).

3. JESUS CAMINHO! ABRE MEU CORAÇÃO PARA ACOLHER A TUA VONTADE

- Com o canto *Meu canto e minha força é o Senhor* vamos retomar a Palavra de Deus e sentir o que ela tem a dizer para cada um de nós. Prestar muita atenção na letra. (Preparar a letra do canto ou o CD para ouvir a música.)

- Comentar e conversar:
  - Esse canto é um hino de libertação. Celebrar a Páscoa é celebrar essa passagem de libertação em nossa vida, em nossa história, passando da morte para a vida, das trevas para a luz.
  - Olhando para a vida, a realidade e a nossa história humana, o que deve ser mudado?
  - Qual a libertação que deve acontecer em nós e ao redor de nós?
  - Por que a Vigília Pascal é tão importante e tão significativa na vida da Igreja e nas celebrações litúrgicas?

Compreendendo melhor esta celebração

Esta noite é «bendita», porque é a «única a ter conhecimento do tempo e da hora em que Cristo ressuscitou do sepulcro! Esta é a noite, da qual está escrito: «a noite brilha como o dia e a escuridão é clara como a luz». Desde o início, a Igreja celebrou a Páscoa anual. A celebração da Vigília Pascal se compõe de 4 partes: 1) a liturgia da luz ou "lucernário"; 2) a liturgia da Palavra; 3) a liturgia batismal; 4) a liturgia eucarística.

1. A liturgia da luz compreende a bênção do fogo, a preparação do círio e a proclamação do louvor pascal.

2. A liturgia da Palavra propõe várias leituras do Primeiro Testamento e do Segundo Testamento. Estas recordam as maravilhas de Deus na história da salvação e as duas do Segundo Testamento, o anúncio da ressurreição. Assim, a Igreja, «começando por Moisés e seguindo pelos Profetas» (Lc 24,27), interpreta o Mistério Pascal de Cristo.

3. A liturgia batismal é parte integrante da celebração. Faz-se a bênção da fonte batismal e a renovação das promessas do batismo. Ainda consta o canto da ladainha dos santos, a bênção da água, a aspersão de toda a assembleia com a água benta e a oração universal. No início da Igreja, esta era a noite em que se batizava os catecúmenos.

4. A liturgia eucarística é o momento culminante da Vigília. Sacramento pleno da Páscoa, isto é, a memória do sacrifício da cruz, a presença de Cristo ressuscitado, o ápice da Iniciação Cristã. Elementos mais expressivos desta noite: luz, água, Palavra, Eucaristia.

4. JESUS VIDA! FORTALECE A MINHA VONTADE PARA VIVER A TUA PALAVRA

- Orientar: Olhemos para os símbolos: Círio Pascal, a água e a Bíblia. Façamos silêncio e escutemos o que eles nos falam. (Alguém ergue o círio)

- A seguir, convidar para rezar juntos:

  Oração: *Cristo ontem e hoje, princípio e fim, a Ele o tempo e a eternidade, a glória e o poder pelos séculos dos séculos. Amém. A luz de Cristo que ressuscitou resplandescente dissipe as trevas do nosso coração e da nossa mente. Amém.*

- Convidar a todos a formar um círculo ao redor da água e contemplando-a, conversem sobre sua importância em nossa vida e para o planeta Terra. Depois, motivar para que todos se aproximem da água e com as mãos estendidas em sua direção acompanhem a oração, cantando após cada invocação: *fontes de água viva bendigam ao Senhor.*

  Bendito sejais, Deus, criador de todas as águas! Das águas primeiras firmaste o universo habitável. Povoaste as águas e a terra com tuas criaturas.

  Todos: *Fontes de água viva bendigam ao Senhor.*

  Nas águas do mar vermelho afogaste os opressores do teu povo e o passaste a pé enxuto para a terra da liberdade, conforme a tua promessa.

  Todos: *Fontes de água viva bendigam ao Senhor.*

  Nas águas do Jordão, João Batista batizou Jesus, marcando com esse gesto o início da sua missão neste mundo. Nas águas do seu amor todos nós somos mergulhados e passamos da morte para a vida, da tristeza para a alegria, da escravidão para a liberdade.

  Todos: *Fontes de água viva bendigam ao Senhor.*

  (Colocar o círio ou a vela no recipiente com água e todos estendem a mão direita.)

  Abençoa esta água com a força do teu Espírito, para que todas as pessoas que se banharem nela participem profundamente da Páscoa do Cristo, teu Filho e recebam a graça da imortalidade. Amém.

  Mergulhar na água é afogar o mal e lavar os pecados. Ressurgir da água é começar uma vida nova em Cristo. (Todos tocam na água e fazem o sinal da cruz.)

  Canto: *Banhados em Cristo.*

5. COMPROMISSO

- O nosso compromisso a partir deste encontro é:
  - Participar da celebração da Vigília Pascal na comunidade junto com a família.
  - Que atitudes novas podemos ter em relação às pessoas e ao meio ambiente para passarmos da morte para a vida, das trevas à luz?
  - Para o próximo encontro, escolher dois catequizandos para serem responsáveis pela acolhida alegre e fraterna do grupo.

7. AVALIAÇÃO DO CATEQUISTA

Durante a semana, avaliar o encontro. Anotar os pontos fortes. Como se sentiu? Os objetivos foram alcançados? Quais foram as dificuldades encontradas?

Jesus ressuscitado confirma os discípulos na fé

18º Encontro

Preparando o encontro

A Páscoa é um momento privilegiado de crescimento da fé e reafirmação dos nossos compromissos cristãos. É graça de Deus ser pessoa de fé e ter aderido a Jesus Cristo e ao seu Evangelho libertador.

Objetivo: Experimentar a presença e a força do ressuscitado que confirma o grupo na fé, na missão e na caminhada de Iniciação à Vida Cristã.

Preparação do ambiente: Ambiente alegre, circular, com a vela, as flores, a Bíblia e um quadro de Jesus ressuscitado. A frase: "O Senhor ressuscitou, aleluia!". Uma tira de papel em branco e pincel.

1. MOMENTO DE ACOLHIDA E ORAÇÃO

- Acolher os catequizandos dizendo: *Estamos no primeiro encontro após a festa da Páscoa, a ressurreição de Jesus Cristo. A alegria deve tomar conta de nosso coração e da nossa vida. Vamos iniciar fazendo o sinal da cruz e rezando: o Senhor ressuscitou, aleluia!*

- Orientar a saudarem uns aos outros com um abraço ou aperto de mão, dizendo: *a graça e a paz do Senhor Jesus ressuscitado esteja com você.*

- Solicitar aos catequizandos para rezar juntos:

Ó Deus, nosso Pai. Abriste para nós o caminho da vida com a vitória do teu Filho Jesus sobre a morte. Por teu Espírito, faze que celebremos neste dia de festa e alegria a graça de sermos homens e mulheres novos, ressuscitados com Ele na luz da vida. Por Cristo, nosso Senhor. Amém.

- Iniciando a conversa:
    - Como celebramos a Páscoa?
    - Como participamos da celebração da Vigília Pascal?
    - Quais gestos e ações, conseguimos viver ao longo desta semana como sinais de ressurreição?

2. JESUS VERDADE! AJUDA-ME A CONHECER A TUA PALAVRA

- Motivar a aclamar o Evangelho cantando: *Aleluia, aleluia, aleluia, aleluia.*
- Leitura do texto bíblico: Jo 20, 11-18.
- Solicitar para refletir e partilhar procedendo da seguinte forma:
    - Ler individualmente o texto.
    - Narrar o texto com as palavras do grupo.
    - Citar quais são os personagens do texto.

Para reflexão do catequista

O encontro de Madalena com Jesus ressuscitado representa a fé que a comunidade tinha em Cristo após a morte. Jesus Cristo é o único Salvador. Esta comunidade não conheceu Jesus mas a fé n'Ele como Salvador era total. Para entender Jesus ressuscitado pode-se comparar assim: os netos não conheceram o bisavô, mas o pai dos netos o conheceu! Para os netos parece que o bisavô não existiu, mas é graças a ele que hoje os netos existem! Assim é Jesus: ninguém de nós o viu, no entanto, os cristãos sempre souberam que Ele se encarnou em nossa humanidade, ensinou a fazer o bem e proclamou a Boa Nova do Evangelho. Tudo é narrado no Evangelho. Sabe-se também que o mataram, ainda que o povo gostasse muito dele e o imitavam no que Ele fazia. Ressuscitado, após o terceiro dia, Jesus Cristo vive na comunidade dos discípulos.

Jesus está sempre presente na palavra, na Eucaristia, na solidariedade e na vida dos que seguem seu modo honesto e justo de ser.

Assim como aconteceu com Jesus, quando alguém falece, sua memória permanece viva naqueles que o conheceram. A vida que estava naquele corpo continua em Deus, na lembrança dos familiares e dos amigos!

Ele está sempre vivo. E se entende melhor o ressuscitado quando as pessoas vivem a proposta anunciada e o seguem, atualizam a esperança do Reino de Deus que vem chegando até nós. Todos os sinais do Reino são prenúncio da vitória final, a ressurreição que aguardamos junto de Deus.

Documentos da Igreja para a reflexão do catequista

A fé cristã está fundamentada na ressurreição de Cristo: "Nós, de fato, acreditamos que Jesus morreu e ressuscitou" (1Ts 4,14). "Acreditamos naquele que ressuscitou dos mortos, Jesus, nosso Senhor, o qual foi entregue à morte pelos nossos pecados e foi ressuscitado para nos tornar justos" (Rm 4, 24-25). A morte e a ressurreição-glorificação de Jesus foram os elementos da pregação dos apóstolos, a pedra angular do edifício da fé, "a verdade culminante da nossa fé em Cristo" (Catecismo da Igreja Católica, 638). "Maria de Mágdala e as santas mulheres [...] foram as primeiras a encontrar o Ressuscitado. As mulheres foram as primeiras mensageiras da Ressurreição de Cristo para os próprios apóstolos" (Catecismo da Igreja Católica, 641). Em suas aparições o Ressuscitado confirma a fé dos apóstolos: "a fé que tinham na Ressurreição nasceu – sob a ação da graça divina – da experiência direta da realidade de Jesus ressuscitado" (Catecismo da Igreja Católica, 644).

3. JESUS CAMINHO! ABRE MEU CORAÇÃO PARA ACOLHER A TUA VONTADE

- Para conversar:
    - O que este fato da ressurreição do Evangelho diz para nós?

- Quais os sinais de vida e ressurreição que podemos identificar em nossa vida, em nossas comunidades e em nossas famílias?
- Escrever no papel já preparado as palavras: "Ressurreição" e "Discípulo "e colocar no chão, no meio do grupo.
- Solicitar para cada catequizando escrever em torno destas palavras a inspiração que vem no momento.
- No final da dinâmica, todos conversarão sobre o que escreveram e o que sentiram.

4. JESUS VIDA! FORTALECE A MINHA VONTADE PARA VIVER A TUA PALAVRA

- Celebramos a vida e a ressurreição. Jesus confirma seus discípulos na fé. A partir do Evangelho que ouvimos e partilhamos, o que a esperança da ressurreição me faz dizer para Deus? (Deixar tempo para a oração pessoal e após partilhar com todo o grupo.)
- Orientar para juntos renovarmos e fortalecermos nossa fé. Para isso, alguém erguerá a vela, todos estenderão a mão, cantando: *Creio Senhor, mas aumentai a minha fé* após cada uma das afirmações.

   1. Eu creio em Deus Pai onipotente, criador da terra e do céu.

   2. Creio em Jesus nosso irmão, verdadeiramente homem Deus.

   3. Creio também no Espírito de amor, grande dom que a Igreja recebeu.

5. COMPROMISSO

- São sinais de vida e de ressurreição: cuidar do meio ambiente, não poluir a água, separar o lixo orgânico do seletivo, cuidar da saúde, comprar frutas e verduras ecológicas (sem veneno).
- Vamos escolher o que podemos fazer nesta semana para viver a ressurreição e a vida nova trazida por Cristo. A ressurreição começa pela fé que colocamos em prática.

6. COMPREENDENDO A MISSA

Oração: Após o hino do Glória, o padre convida o povo a rezar através da expressão: oração ou oremos. Segue-se uma pequena pausa, em silêncio. Durante esse tempo de silêncio, cada um deve fazer sua oração a Deus, apresentando a Ele as alegrias, sentimentos, expectativas e sofrimentos. O padre eleva as mãos e profere a oração em nome de toda a Igreja. Nesse ato de levantar as mãos, o PRESIDENTE DA CELEBRAÇÃO (celebrante) está assumindo e elevando a Deus todas as intenções dos fiéis. Após a oração, todos respondem AMÉM, para afirmar que aquela oração também é sua.

7. AVALIAÇÃO DO CATEQUISTA

Durante a semana, avaliar o encontro. Anotar os pontos fortes. Como se sentiu? Os objetivos foram alcançados? Quais foram as dificuldades encontradas?

19º Encontro

O ressuscitado envia em missão

Preparando o encontro

A fé no ressuscitado conduz à vida. A Palavra anunciada produz em nós a fé que nos conduz à vida com Cristo e a capacidade de anunciá-lo. A missão proclamada por Jesus não parou no tempo histórico. Ainda hoje, homens e mulheres são chamados para dar continuidade ao trabalho iniciado pelos doze apóstolos que acreditaram na ressurreição e com a força do ressuscitado potencializam o anúncio. Somos enviados a anunciar esta novidade que vem de Deus como missionários do ressuscitado.

Objetivo: Crescer na compreensão que a missão do discípulo é anunciar Jesus ressuscitado.

Preparação do ambiente: Cuidar do ambiente circular, com bom gosto, vela, Bíblia, o mapa, recortes de figuras de jornal com pessoas doentes, drogadas, pobres, ricas.

1. MOMENTO DE ACOLHIDA E ORAÇÃO

- Acolher a cada um com um abraço, na alegria e no espírito do ressuscitado.

Canto: *O ressuscitado vive entre nós, amém! Aleluia!* (Repetir várias vezes enquanto se acende a vela.)

- Fazer o sinal da cruz. Depois, cada um partilha como viveu a semana, os fatos e os acontecimentos da família ou da comunidade. Lembrar alguma notícia importante de jornais.

Canto: *Ele está no meio de nós.*

- Iniciando a conversa:
  - Como vivemos os compromissos assumidos no encontro passado?
  - O que conseguimos realizar?
  - Como nos sentimos?
  - O que não conseguimos? Por quê?
- Comentar: Neste encontro, a nossa reflexão nos ajudará a compreender melhor que a missão de Jesus deve continuar no mundo inteiro através de nós, os discípulos e discípulas do ressuscitado. Ele nos envia a anunciá-lo e a testemunhá-lo pelo mundo afora. Jesus disse: "Ide anunciar a boa nova a todos os povos".

2. JESUS VERDADE! AJUDA-ME A CONHECER A TUA PALAVRA

Canto de aclamação: escolher adequado ao tema.

- Leitura do texto bíblico: Mc 16,9-16.
- Convidar para refletir e partilhar, procedendo da seguinte forma:
  - Reler o texto individualmente.
  - Responder:
    - Jesus apareceu?
    - O que disse a cada um?
    - O que chamou atenção neste texto bíblico?

Para reflexão do catequista

Jesus nunca apareceu ressuscitado em público para dar espetáculo. Ele aparece primeiro para Madalena. Mais tarde ele apareceu aos dois discípulos de Emaús e depois, aos onze apóstolos. Isso mostra que para se encontrar com Jesus ressuscitado é preciso viver em comunidade. Jesus nunca apareceu na vida de individualistas, de gananciosos ou de indiferentes. Ele mesmo faz vida comunitária com os apóstolos. Jesus apareceu na vida de muitas pessoas, pois a comunidade de fé acolhia sempre mais pessoas. Madalena é a primeira que se encontra com o ressuscitado e o revela para os outros. Depois, como uns anunciam, todos vão fazendo a experiência de viver como Cristo, revelando-o presente em sua vida e formando a comunidade que segue Jesus ressuscitado.

Sem ninguém que ajude a entender a vida de Jesus, todos ficam sem a luz de Cristo. Cristo não seria conhecido. Assim é hoje também: se os cristãos vivem como ele viveu, Jesus está vivo nas pessoas e inspira a Igreja e a humanidade nas luzes que Ele oferece para todos. O cristão existe para seguir Jesus e continuar sua missão: anunciar a Boa Nova do amor para todas as criaturas.

Documentos da Igreja para a reflexão do catequista

"Discipulado e missão são como duas faces da mesma moeda: quando o discípulo está apaixonado por Cristo, não pode deixar de anunciar ao mundo que só Ele nos salva (cf. At 4,12)", isto nos diz o n. 146 do Documento de Aparecida. Afirma, também, que "ao chamar aos seus para que o sigam, Jesus lhes dá uma missão muito precisa: anunciar o evangelho do Reino a todas as nações (cf. Mt 28,19; Lc 24,46-48). Por isto, todo discípulo é missionário, pois Jesus o faz partícipe de sua missão ao mesmo tempo que o vincula a Ele como amigo e irmão. Desta maneira, como Ele é testemunha do mistério do Pai, assim os discípulos são testemunhas da morte e ressurreição do Senhor até que Ele retorne. Cumprir esta missão não é uma tarefa opcional, mas parte integrante da identidade cristã, porque é a difusão testemunhal da própria vocação. Quando cresce no cristão a consciência de se pertencer a Cristo, em razão da gratuidade e alegria que produz, cresce também o ímpeto de comunicar a todos o dom desse encontro. A missão não se limita a um programa ou projeto, mas em compartilhar a experiência do acontecimento do encontro com Cristo, testemunhá-lo e anunciá-lo de pessoa a pessoa, de comunidade a comunidade e da Igreja a todos os confins do mundo (cf. At 1,8)" (Documento de Aparecida, 144-145).

3. JESUS CAMINHO! ABRE MEU CORAÇÃO PARA ACOLHER A TUA VONTADE

- Incentivar a conversar sobre as questões:
  - É fácil anunciar Jesus ressuscitado? Por quê?
  - O que a Palavra de Deus ensina?
  - A quem Jesus envia hoje?
- Formar dois grupos:
  - O grupo 1 – escreve uma relação de lugares e pessoas onde devemos anunciar Jesus.
  - O grupo 2 – pensa e escreve: Como anunciar Jesus no tempo de hoje?

4. JESUS VIDA! FORTALECE A MINHA VONTADE PARA VIVER A TUA PALAVRA

- Convidar para :
  - Um momento de silêncio pensando no que viu e ouviu.
  - Fazer a oração, conforme a Palavra de Deus sugere e depois escrever a oração no caderno.
  - Rezar juntos o Salmo 16: "Guarda-me, Deus, pois eu me abrigo em ti".
  - Motivar para que cada um repita a frase ou a expressão que mais chamou atenção.
  - Rezar juntos, de mãos dadas, a oração do Senhor, Pai-Nosso, pelos missionários.

Canto: Escolher uma música adequada ao tema do encontro.

5. COMPROMISSO

- A missão de anunciar Jesus exige desacomodação. É sair de nós mesmos para ir ao encontro dos outros. É um serviço gratuito e carregado de esperança.
- Propor as seguintes questões:
  - O que vamos fazer nesta semana para anunciar Jesus ressuscitado: Dar mais atenção às pessoas necessitadas? Ir ao encontro de alguém que está afastado do grupo ou da comunidade?

- Temos colegas que não estão participando dos encontros de catequese, da vida da comunidade?
- O que podemos realizar em grupo e individualmente para que eles possam retomar o caminho?

6. COMPREENDENDO A MISSA

A liturgia da Palavra: A proclamação da Palavra é feita do ambão, que é a mesa da Palavra, o lugar da palavra. Através da leitura da Bíblia, Deus fala à comunidade reunida como Povo de Deus. A comunidade senta-se para escutar atentamente o que Deus tem a lhe dizer. A liturgia da Palavra inicia com a primeira leitura e finaliza com as preces da comunidade.

7. AVALIAÇÃO DO CATEQUISTA

Durante a semana, avaliar o encontro. Anotar os pontos fortes. Como se sentiu? Os objetivos foram alcançados? Quais foram as dificuldades encontradas?

O domingo: Páscoa semanal dos cristãos

20º Encontro

— Preparando o encontro —

O domingo, primeiro dia da semana, é o dia do Senhor. É o dia da festa principal dos cristãos, memória de Cristo ressuscitado. É o dia da criação renovada e por isso, dia do repouso e da convivência. O domingo é o dia em que a família de Deus se reúne para"escutar a Palavra e repartir o Pão consagrado, recorda a Ressurreição do Senhor, na esperança de ver o dia sem ocaso, quando a humanidade inteira repousará junto de vós (o Pai)" (TC prefácio I.) O domingo é o dia de acolher a vida nova para caminhar e seguir Jesus Cristo ressuscitado.

Objetivo: Ajudar os catequizandos a compreender o domingo como dia do Senhor e festa da vida.

Preparação do ambiente: Vela, a Bíblia, as flores, pequenas tiras de papel em branco. Escrever a palavra "Domingo" numa cartolina, cor laranja ou amarela, cortada de forma redonda.

1. MOMENTO DE ACOLHIDA E ORAÇÃO

- Acolher com alegria a cada um que chega e entregar uma tira de papel em branco.
- Convidar a silenciar e a fazer o sinal da cruz, seguido do mantra:

    Todos: *O sol nasceu, é novo dia, bendito seja Deus, quanta alegria*
    (Repetir várias vezes – acender a vela.)

- Dizer aos catequizandos: *A graça e a paz de Deus nosso Pai, de Jesus Cristo nosso irmão e do Espírito Santo esteja em cada um de vocês.*

    Todos: *Bendito seja Deus que nos reuniu no amor de Cristo.*

- Iniciando a conversa:
    - O assunto do nosso encontro é muito importante para todos nós. Vamos entender melhor o que significa o domingo para nós cristãos. Como nasceu? Quando? Para quê?
    - O que sabemos sobre o domingo?
    - O que fazemos no domingo?
    - Qual nossa maior preocupação no domingo?

2. JESUS VERDADE! AJUDA-ME A CONHECER A TUA PALAVRA

- Leitura do texto bíblico: Ef 1, 15-23.
- Convidar os catequizandos para :
    - Ler individualmente o texto proclamado.
    - Responder: do que fala o texto que acabamos de ouvir e ler?
    - Repetir frases para guardar bem o que foi lido.

Para reflexão do catequista

O apóstolo Paulo informou-se dos acontecimentos entre os efésios. Alegrou-se em saber que a fé em Jesus estava presente entre eles. Os efésios tinham ouvido a palavra da verdade e acreditado em Cristo e continuaram firmes na fé. A alegria de Paulo era que o amor aos irmãos estava sendo exercido entre eles. Quando trabalhou na Igreja de Éfeso, Paulo mostrou com o próprio exemplo como se vive o amor. Portanto, não é de se surpreender que ele ouça sobre o amor dos efésios "para com todos os santos".

A fé produz fruto na comunidade cristã, flui de Cristo para com os semelhantes que também pertencem a Ele, em forma de serviço. Jesus disse a seus discípulos: "Nisto conhecerão todos que sois meus discípulos se tiverdes amor uns aos outros" (cf. João 13,35).

Paulo, após dar graças a Deus pela vida dos cristãos, ainda não satisfeito, continua intercedendo porque sabe que a extensão das bênçãos precisa ser reconhecida entre as comunidades. Eles precisavam "saber" qual era a plenitude reservada por Deus para os santos e a garantia de que a plenitude das bênçãos espirituais pode ser entendida. Paulo dá a resposta: Deus dá o espírito de sabedoria e revelação, isto é, o Espírito Santo. A oração se torna um instrumento necessário da revelação, abre o coração e ilumina a mente para compreender melhor as bênçãos já reveladas.

A nossa fé está firmada no chamamento de Deus. Ele nos chamou para sermos anunciadores de Jesus ressuscitado, estar em comunhão com todos aqueles que professam a mesma fé e a ser santos. A plenitude de Jesus se torna para a humanidade a meta no caminho para que a Igreja seja santa e modelo de conversão, ao longo de sua história.

Pela ressurreição, Jesus Cristo se coloca a favor da Igreja, que é o seu corpo. Cada cristão, devidamente ligado a esse corpo, recebe as bênçãos desse poder. E a união vital e espiritual com Cristo que nos torna poderosa na vida cristã. A plenitude de Cristo representa toda a sua vida atuando sobre todo o seu corpo. Cada ser humano é membro do corpo e dinamizado por essa plenitude que envolve toda a Igreja. Ela é a plenitude de Cristo, porém, é Cristo quem a enche e a torna plena com a sua glória e a sua presença. Todo cristão é convidado a crescer espiritualmente até que chegue à medida da estatura completa de Cristo.

A ação de graças é breve, porém resume toda a conduta cristã na fé em Jesus como Senhor e o amor fraterno que nos faz partícipes dos dons de Deus. Por isso, na história dos cristãos, o domingo ficou fixado como memória do dia da ressurreição. Ressurreição significa que Ele está vivo porque os cristãos o têm na sua vida e vivem como Ele! Cada domingo, como dia do ressuscitado, é o dia de celebrar essa nova vida nos cristãos. No domingo, nos reunimos na comunidade, rezamos, refletimos a Palavra e olhamos se nossa vida também é vida que morreu para o mal e renasceu para o bem. O domingo, como dia da ressurreição, é também o dia de examinar a coerência da vida de cristãos batizados ou se precisamos mudá-la, motivados pela Palavra. Por isso, o domingo, dia do Senhor, é o dia da festa da vida nova à luz de Cristo ressuscitado.

> **Documentos da Igreja para a reflexão do catequista**
>
> A reforma litúrgica do Concílio Vaticano II confirmou o domingo como o "fundamento e o núcleo do ano litúrgico" e "o principal dia de festa" (Sacrosanctum Concilium, 106). O Papa João Paulo II escreveu uma carta sobre a santificação do domingo, onde diz: "O domingo, com efeito, recorda, no ritmo semanal do tempo, o dia da ressurreição de Cristo. É a Páscoa da semana, na qual se celebra a vitória de Cristo sobre o pecado e a morte, o cumprimento nele da primeira criação e o início da 'nova criação' (cf. 2Cor 5,17). [...] Ao domingo, portanto, aplica-se, com muito acerto, a exclamação do salmista: 'Este é o dia que o Senhor fez: exultemos e cantemos de alegria' (Sl 118,24)" (Dies Domini, 1). São Jerônimo diz que: "O domingo é o dia da ressurreição, é o dia dos cristãos, é o nosso dia" (In die dominica Paschae II, 52).

3. JESUS CAMINHO! ABRE MEU CORAÇÃO PARA ACOLHER A TUA VONTADE

- Para conversar:
    - O que conseguimos entender disto que lemos e conversamos sobre o domingo?
    - Como vivemos o domingo em nossa família?
    - Como é vivido em nossas comunidades?
    - Como a sociedade vê e vive o domingo?
    - As celebrações litúrgicas ajudam a vivenciar o sentido cristão do domingo?
- Solicitar para que cada catequizando escreva na tira de papel que recebeu, no início do encontro, uma palavra que expresse o que é o domingo.
- Orientar para colocar ao redor da palavra "Domingo" as tiras em forma de raios.

4. JESUS VIDA! FORTALECE A MINHA VONTADE PARA VIVER A TUA PALAVRA

- Orientar: Enquanto ergue-se a vela, cada um tome sua Bíblia e a ergue agradecendo ao Senhor pela sua ressurreição e porque "Ele está no meio de nós". Pelo domingo, o dia consagrado ao Senhor, cantemos a ação de graças com o Salmo 147.

- Concluir este momento rezando juntos.

    Oração: *Ó Deus, força da vida! Tu nos dás a alegria de nos reunirmos em comunidade para celebrar o dia do Senhor, para celebrar a presença do ressuscitado. Sopra, sobre nós, o dom do teu Espírito Santo e ajuda-nos a valorizar e a viver com mais seriedade o dia da ressurreição do Senhor. Assim, amaremos mais a Deus e aos nossos irmãos. Por Cristo Jesus. Amém.*

5. COMPROMISSO

- Fazer uma pesquisa com diferentes pessoas que encontrarem ao longo da semana com estas ou outras perguntas que acharem boas:

    1. O que é o domingo para você?
    2. O que você faz aos domingos?
    3. Para você, o domingo é um dia diferente dos outros dias? Por quê?

- Além de fazer a pesquisa, o compromisso de cada um e do grupo deverá ser de viver melhor o domingo como dia do Senhor e participar das celebrações na comunidade.

6. COMPREENDENDO A MISSA

Primeira leitura: Geralmente é tirada do Primeiro Testamento, onde se encontra o passado da história da salvação. Deus foi se revelando desde há muito tempo ao povo de Israel, como um Deus que acompanha os passos do seu povo e renova constantemente a Palavra fiel da aliança.

7. AVALIAÇÃO DO CATEQUISTA

Durante a semana, avaliar o encontro. Anotar os pontos fortes. Como se sentiu? Os objetivos foram alcançados? Quais foram as dificuldades encontradas?

21º Encontro

Os discípulos continuam a missão de Jesus

Preparando o encontro

Para ser verdadeiro discípulo missionário de Jesus é preciso ter grande amor pelo ressuscitado. A ressurreição dá novo sentido à nossa vida de cristãos e nos impulsiona para sermos missionários.

Objetivo: Despertar no catequizando o sentido de ser enviado por Jesus, tendo o amor como fundamento da missão.

Preparando o ambiente: Organizar o espaço de forma circular, com a vela e a Bíblia. Fazer um coração de papel para cada catequizando e escrever a palavra "amor" dos dois lados.

1. MOMENTO DE ACOLHIDA E ORAÇÃO

- Dar as boas vindas. Convidar os catequizandos a recordarem fatos, pessoas, acontecimentos, notícias. Trazer presente a vida que nos cerca.
- Rezar uma Ave-Maria, um Pai-Nosso e depois cantar: *"Eu creio na semente, lançada na terra, na vida da gente, eu creio no amor"*.
- Iniciando a conversa:
  - Hoje o nosso encontro vai falar de uma palavra tão pequena, mas com um grande significado. Essa palavra, constituída de duas sílabas, enche a vida de sentido e nos dá mil razões para viver. Vocês já sabem que palavra é esta? Amor. (Neste momento cada catequizando recebe um coração com a palavra "amor" escrita dos dois lados.)
  - Convidar a pensar e trocar ideias sobre: Quem ensinou o sentido da palavra amor?

2. JESUS VERDADE! AJUDA-ME A CONHECER A TUA PALAVRA

- Escolher uma música apropriada e durante o canto, passar a Bíblia de mão em mão.
- Leitura do texto Bíblico: Jo 21,15-19.
- Indicar para:
    - Recontar o texto.
    - Dizer o que mais chamou atenção.
    - Conversar:
        - Como Pedro se sentiu?
        - O que Jesus pede a Pedro?

Para a reflexão do catequista

A Palavra de Deus, no encontro de hoje, mostra que Pedro (Simão) representa como pode ser a vida de qualquer batizado. Todo batizado tem uma fé clara e firme em Cristo e no modo como ele vivia. Jesus é luz para a vida. Jesus pergunta três vezes se Pedro o ama. Não está perguntando se o ama como fazem os namorados. Ele pergunta se Pedro tem clareza sobre o estilo de vida de Cristo e da disposição em passar pelo que Ele passou e viver do jeito que Ele viveu.

Aqueles que têm clareza e decisão por Jesus, também devem apascentar os outros e dedicar-se ao serviço por amor. Significa também assumir a liderança em serviços que funcionam nas comunidades. Os líderes não podem ter uma vida ou fé insegura, que balança. Na comunidade e na sociedade tudo deve ser feito por amor e dedicação. O líder que apascenta, serve na gratuidade, não como quem manda ou faz por obrigação. Segue-se Jesus mesmo que custe esforço! O amor verdadeiro tem sacrifícios, responsabilidades e desprendimento. Somos convidados a viver a missão de batizados na caridade e no cuidado com os irmãos mais frágeis e necessitados.

Documentos da Igreja para a reflexão do catequista

A missão dos discípulos é a de continuar a missão de Jesus e participar de sua missão na construção do Reino de Deus. "A grande novidade que a Igreja anuncia ao mundo é que Jesus Cristo, o Filho de Deus feito homem, a Palavra e a Vida, veio ao mundo para nos fazer 'participantes da natureza divina' (1Pd 1,4), para que participemos de sua própria vida" (Documento de Aparecida, 348). O mesmo Documento nos deixa claro o projeto de Jesus que o missionário deve continuar: "O projeto de Jesus é instaurar o Reino de seu Pai. Por isso, pede a seus discípulos: "Proclamem que está chegando o Reino dos céus!" (Mt 10,7). Trata-se do Reino da vida. Porque a proposta de Jesus Cristo a nossos povos, o conteúdo fundamental desta missão, é a oferta de uma vida plena para todos. Por isso, a doutrina, as normas, as orientações éticas e toda a atividade missionária das Igrejas, deve deixar transparecer esta atrativa oferta de uma vida mais digna, em Cristo, para cada homem e para cada mulher da América Latina e do Caribe" (n. 361).

3. JESUS CAMINHO! ABRE MEU CORAÇÃO PARA ACOLHER A TUA VONTADE

- Orientar: Agora cada um é convidado a escrever o que entende quando fala ou ouve a palavra amor. Escrever só de um lado do coração de papel que recebeu. Depois cada um partilha o que escreveu.
- Conferir com os catequizandos o que mais se repetiu e o que foi diferente. Conversar um pouco sobre o que o grupo falar e na sequência motivar a confrontar o que escreveram com o que Jesus ensinou sobre o amor. Para isso, trabalhar com as perguntas:
  - O que podemos aprender da Palavra de Deus que ouvimos?
  - Como Jesus viveu o amor?
  - Por que Jesus insistiu tanto com Pedro se ele o amava?
  - Que provas Jesus queria?
  - Cada um escreve no outro lado do coração o que aprendeu sobre o amor a partir deste encontro.

4. JESUS VIDA! FORTALECE A MINHA VONTADE PARA VIVER A TUA PALAVRA

- Indicar para que cada catequizando eleve a sua prece a Deus, mostrando o coração de papel ao grupo.
- Após cada prece, todos respondem: Dai-nos um coração capaz de amar.

5. COMPROMISSO

- Durante a semana, entrevistar três pessoas e perguntar:
    - O que é o amor?
    - Quais são as exigências do amor?
    - Citar alguma experiência da vivência do amor.

6. COMPREENDENDO A MISSA

Salmo responsorial: É uma resposta, em forma orante, para ajudar a assembleia a rezar e a meditar na Palavra ouvida. É recomendável que seja cantado. Quando não é possível um salmista cantar, pelo menos o refrão seja cantado pela assembleia e o salmista proclama o Salmo.

7. AVALIAÇÃO DO CATEQUISTA

Durante a semana, avaliar o encontro. Anotar os pontos fortes. Como se sentiu? Os objetivos foram alcançados? Quais foram as dificuldades encontradas?

22º Encontro

A comunidade dos discípulos celebra a vida

Preparando o encontro

Somos comunidade de fé, seguidores de Jesus Cristo e animados pelo Espírito Santo. Ser discípulo de Cristo ressuscitado é viver em fraternidade, celebrar a fé, rezar em comunidade, escutar a Palavra e concretizá-la na vida diária.

Objetivo: Ajudar os catequizandos a descobrir os valores e as práticas das primeiras comunidades cristãs para viver como cristãos na comunidade de fé.

Preparação do ambiente: A Palavra de Deus, um pão ou outros alimentos para serem partilhados, a vela, as flores, um rosto ou imagem de Jesus.

1. MOMENTO DE ACOLHIDA E ORAÇÃO

- Acolher os catequizandos de uma forma bem calorosa, dizendo: *Na alegria de estarmos reunidos em nome de Deus, iniciamos o nosso encontro com o sinal da cruz. Em nome do Pai, do Filho e do Espírito Santo. Amém.*
- Motivar dizendo: *Estamos na presença de Deus. Vamos recordar alguma coisa boa que aconteceu na semana que passou.* (Deixar falar.)
- Convidar para rezar um Pai-Nosso.
- Iniciando a conversa:
  - Como foi a entrevista que realizaram?
  - O que as pessoas entendem por amor?

- Alguém sabe como viviam as primeiras comunidades cristãs?
- Em nosso encontro de hoje, vamos conhecer e conversar sobre as primeiras comunidades cristãs, como elas viviam e se organizavam. A Palavra de Deus que hoje ouviremos irá nos falar disso.

2. JESUS VERDADE! AJUDA-ME A CONHECER A TUA PALAVRA

- Leitura do texto bíblico: At 4, 32-37.
- Orientar que para preparar-se para refletir e partilhar é importante:
  - Reler o texto individualmente.
  - Destacar as características da comunidade cristã.

Para reflexão do catequista

O grupo da igreja primitiva veio de muitas nações, tornando-se assim um grupo multinacional. Entretanto se caracterizou pela unidade de coração e de mente. Os cristãos tinham línguas, culturas e origens diferentes, mas a força do Espírito Santo os faz encontrar a unidade em Jesus ressuscitado. Entre eles havia amor e paz, partilha e apoio de uns aos outros em suas necessidades materiais. Eles foram inspirados e motivados a se tornarem um grupo de cristãos cheio de compaixão e cuidado, e estavam prontos para expressar a sua fé e amor em ação. Na unidade e na ação testemunhavam sua nova fé ao tornarem-se evangelizadores com os apóstolos no trabalho do Reino.

Os apóstolos ensinavam às comunidades o que aprenderam da convivência com o Mestre. Aprenderam o seu jeito de ser e viver. Eles aprenderam do coração d´Ele. Assimilaram suas palavras, seu modo de comunicar-se e relacionar-se com o Pai e com as pessoas. Aprenderam com Ele a dar preferência aos mais necessitados, a ser fiel ao projeto do Pai. As comunidades perseveravam fiéis aos ensinamentos e davam testemunho da ressurreição de Jesus. Vendiam as suas proprieda- des e os seus bens e repartiam o dinheiro entre todos, segundo as necessidades de cada um. A perseverança na comunhão fraterna au- mentava a unidade entre os membros da comunidade. Tinham tudo em comum e não havia necessitados entre eles. A distribuição solidária é uma das práticas na vida das primeiras comunidades. A partilha era livre e consciente em favor dos mais pobres. Partilhavam do pão simples de cada dia com alegria nas casas. A vida de partilha entre os primeiros cristãos era caracterizada pela alegria e simplicidade. Alegria e simplicidade são características comuns às pessoas que vivem sua fé com fidelidade. A oração é elemento fundamental na vida dos primeiros cristãos: "De comum acordo, iam diariamente ao Templo com assiduidade..." (At 2,46a). Frequentar o Templo era uma prática dos fiéis que buscavam fazer suas orações. Uma das práticas de oração muito comum e aceita pelo povo era o louvor. A perseverança no ensinamento dos apóstolos, na comunhão fraterna, na fração do pão (Eucaristia) e na oração, atraíam outras pessoas para a comunidade. O testemunho comove o coração humano e o arrasta para a conversão. Um exemplo muito comum é o caso de Barnabé, que, ao ver a solidariedade e a comunhão de vida entre os primeiros cristãos, vende o campo que possuía e coloca o dinheiro em comum (cf. At 4,36-37).

Documentos da Igreja para a reflexão do catequista

Não há discipulado sem comunhão", a fé em Jesus Cristo conduz à comunhão afirma o Documento de Aparecida, n. 156. Ainda o documento expressa que a vida em comunidade é essencial à vocação cristã logo todo discipulado e a missão sempre supõe o pertencimento a uma comunidade. Deus não quis nos salvar isoladamente, mas formando um povo. Este é um aspecto que distingue a experiência da vocação cristã do sentimento religioso individual (cf Documento de Aparecida, 164). O Documento evidencia que a experiência da comunhão, torna o anúncio do missionário mais atraente: A Igreja é chamada a crescer, não por proselitismo mas por atração: porque Cristo atrai tudo a si com a força de seu amor assim a Igreja atrai quando vive em comunhão, pois os discípulos de Jesus serão reconhecidos se amarem uns aos outros como Ele nos amou (cf. Rm 12,4-13; Jo 13,34) (cf. Documento de Aparecida, 159).

3. JESUS CAMINHO! ABRE MEU CORAÇÃO PARA ACOLHER A TUA VONTADE

- Conversar com os catequizandos:
  - Como é a nossa comunidade?
  - O que ela tem de bom?
  - O que precisa melhorar?
  - As primeiras comunidades cristãs se caracterizavam como:

    1. Perseverantes no ensinamento dos apóstolos (catequese).

    2. A comunhão fraterna (partilhar).

    3. A fração do pão (Eucaristia).

    4. As orações (súplicas, louvor).
  - Quais características estão mais fortes em nossa comunidade?
  - Quais devem ser fortalecidas?

4. JESUS VIDA! FORTALECE A MINHA VONTADE PARA VIVER A TUA PALAVRA

- Fazer silêncio e diante da imagem do rosto de Jesus reze por você e por sua comunidade.
- Lembrar juntos e orientar os catequizandos a escrever em tiras de papel os serviços que existem na comunidade. Após cada serviço escrito e colocado junto da imagem do rosto de Jesus, todos dizem juntos: *Obrigado Senhor pelo serviço...*

  Ex.: alguém escreve "catequese" e todos dizem: *Obrigado Senhor pelo serviço da catequese.*
- Convidar a rezar antes de partilhar os alimentos que foram preparados.

  Oração sobre o pão: *Ó Deus, fonte de vida e de bênção, tu alimentas o teu povo e ensinas a partilhar. Nós te pedimos, Ensina-nos a lição da partilha e que não falte o alimento na mesa de ninguém. Amém.* (Partilhar o pão entre todos.)
- Propor um canto apropriado.

5. COMPROMISSO

- Conversar com os pais e responder:
  - Quais serviços existem na comunidade?

- Em quais eles podem atuar?
- Explicar aos pais as quatro características principais das primeiras comunidades cristãs.

6. COMPREENDENDO A MISSA

Segunda leitura: tirada do Segundo Testamento, as cartas ou epístolas são sempre trechos das cartas e pregações feitas pelos apóstolos Paulo, Tiago, João e Pedro às diversas comunidades do início do cristianismo. Na proclamação, na missa, se dirigem aos cristãos de hoje.

7. AVALIAÇÃO DO CATEQUISTA

Durante a semana, avaliar o encontro. Anotar os pontos fortes. Como se sentiu? Os objetivos foram alcançados? Quais foram as dificuldades?

Batizados em nome da Trindade

23º Encontro

― Preparando o encontro ―

A Santíssima Trindade é a melhor comunidade. Nela se encontra a melhor unidade na diversidade. Não há outro amor que possa superar o amor de Deus. No amor divino encontramos o sentido do amor pessoal, do serviço fraterno e do compromisso social. Jesus envia seus discípulos com a missão de batizar em nome do Pai, do Filho e do Espiríto Santo e fazer com que todos os povos se tornem seus discípulos.

Objetivo: Ajudar os catequizandos a tomarem consciência do batismo como fonte da missão do cristão.

Preparação do ambiente: A Palavra de Deus, uma bacia com água, uma toalha, uma vela e um quadro da Trindade.

1. MOMENTO DE ACOLHIDA E ORAÇÃO

- Dar as boas vindas e perguntar: Como foi a semana que passou?
- Orientar para rezar em forma de mantra: *Não fostes vós que me escolhestes, mas eu que vos escolhi.*
- Pedir para olhar os símbolos que estão no centro da sala. Explicar que são símbolos que recordam o nosso batismo.
- Convidar a traçar o sinal da cruz na fronte de nosso colega, revivendo o nosso batismo.
- Solicitar: cada catequizando diz o nome dos padrinhos de batismo.
- Convidar a rezar juntos um Pai-Nosso e uma Ave-Maria.

- Iniciando a conversa:
  - Partilhar como foi a conversa deles com os pais sobre os serviços da comunidade.
  - Em que os pais deles atuam na comunidade? Quem gostaria de prestar algum serviço?

    (Se houver algum pai que não atua, mas gostaria, anotar o nome e levar ao conhecimento do conselho de pastoral.)

  - Comentar: O encontro de hoje trata sobre o mandato de Jesus, a missão que confia aos apóstolos de tornar os povos seus discípulos, batizando-os e ensinando-os a observar o que Ele os ordenou. Para isso lhes prometeu estar presente até o fim dos dias. Esta é a missão de todos os batizados: seguir Jesus, ouvir sua palavra, colocá-la em prática, multiplicando seus ensinamentos.

2. JESUS VERDADE! AJUDA-ME A CONHECER A TUA PALAVRA

- Comentar e convidar: A Palavra de Deus deve orientar a vida do discípulo. Acolhemos esta Palavra, cantando: *Tua Palavra é*. (Estender a nossa mão direita em direção a Palavra.)
- Leitura do texto bíblico: Mt 28,16-20.
- Orientar para:
  - Reler o texto individualmente.
  - Responder:
  - Que personagens aparecem no texto?
  - O que fazem?
  - Como vive um discípulo de Jesus?

> **Para a reflexão do catequista**
>
> A missão que recebemos no batismo é fazer que todos sejam discípulos. Significa que todos somos enviados por Cristo. A ação de Deus, por meio de Jesus, que agia no Espírito Santo, era em favor de todos. Os cristãos batizados se esforçam em viver o Evangelho como discípulos. Em cada batizado há uma força espiritual que vem de Deus

pela força do Espírito Santo para ser como Cristo, que viveu servindo por amor e não por interesses. Deus quer que todos sejam discípulos e vivam um só projeto de amor em uma só família.

No texto, vemos como Jesus percebe dúvidas e desconfianças no coração de alguns apóstolos. Mas Ele os esclareceu: seu exemplo vale sempre e para todos. Por isso, levar a salvação a todos é consequência do nosso batismo. Quando fomos batizados, nos tornamos casa de Deus e seguidores do Espírito de Cristo. Da mesma forma que o Espírito de Deus mora em Jesus, também está em nós a força de Deus que nos desafia a ser testemunhas perante todas as nações.

Portanto, ajudar as pessoas a descobrir o caminho de fé em Jesus, é uma necessidade de quem carrega Deus. Ele convida para que façamos o bem aos outros! Um cristão com vida digna e atitudes coerentes pode ser um grande apoio a tantos caídos, confusos e necessitados do cuidado e da ternura.

Documentos da Igreja para a reflexão do catequista

"Os cristãos são batizados 'em nome do Pai, do Filho e do Espírito Santo' (Mt 28,19). Antes disto eles respondem 'Creio' à tríplice pergunta que os manda confessarem sua fé no Pai, no Filho e no Espírito: 'A fé dos cristãos consiste na Trindade'" (Catecismo da Igreja Católica, 232). Afirma ainda o mesmo documento que "o batismo não somente purifica de todos os pecados, como também faz do neófito 'uma criatura nova' (2Cor 5,17), um filho adotivo de Deus que se tornou 'participante da natureza divina' (2Pd 1,4), membro de Cristo e coerdeiros com ele (Rm 8,17), templo do Espírito Santo" (n.1265).

3. JESUS CAMINHO! ABRE MEU CORAÇÃO PARA ACOLHER A TUA VONTADE

- Questionar e conversar: Como as pessoas vivem o seu batismo?
- Orientar: Escrever uma carta contando como você vive o seu batismo. Depois, entregar para o colega que estiver a sua direita.

4. JESUS VIDA! FORTALECE A MINHA VONTADE PARA VIVER A TUA PALAVRA

- Comentar e orientar:

  - Jesus nos convida a viver os seus ensinamentos. Ele é o Caminho, a Verdade e a Vida. Como discípulos de Jesus, vamos renovar nossa fé rezando o Creio. (Um catequizando pode segurar a vela enquanto se reza o Creio.)

  - A água purifica, refaz as forças, alivia o calor e sacia a sede. Num gesto de renovação da vida de cristãos, lembrando que fomos batizados em nome da Trindade, o Pai, o Filho e o Espírito Santo, convidá-los a lavar as mãos, simbolizando o compromisso para viver o batismo do jeito da Trindade.

  - Batizados em nome da Trindade, somos chamados a viver do jeito da Trindade, na vida pessoal, na comunidade, na família. Somos uma única família, pois pertencemos à família cristã. Vamos nos dar as mãos e rezar com confiança e amor a oração que expressa a unidade de todos os cristãos: Pai-Nosso.

5. COMPROMISSO

- Ler a carta do colega durante a semana. Ver como ele vive o seu batismo. Responder a carta dizendo o que achou. Sugerir como e o que ele poderia fazer para melhorar a vivência como discípulo de Jesus Cristo.

- Organizar com os catequizandos a participação de uma celebração do batismo na comunidade.

6. COMPREENDENDO A MISSA

Aclamação ao Evangelho: terminada a segunda leitura, vem a monição ao Evangelho, que é um breve comentário convidando e motivando a assembleia a ouvir o Evangelho. O canto de aclamação é uma espécie de aplauso para o Senhor que vai nos falar. Toda assembleia coloca- -se de pé para estar em prontidão ao Senhor que fala. Fora do tempo quaresmal é aconselhável que seja sempre o Aleluia!

7. AVALIAÇÃO DO CATEQUISTA

Durante a semana, avaliar o encontro. Anotar os pontos fortes. Como se sentiu? Os objetivos foram alcançados? Quais foram as dificuldades?

O batismo nos compromete com o outro

24º Encontro

Preparando o encontro

O batismo nos faz irmãos universais. Ninguém é mais irmão dos outros do que o cristão que vive seu batismo. O batismo nos insere na relação de compaixão e responsabilidade "com" e "para" os outros. Pelo batismo nos tornamos seguidores de Jesus Cristo. Iniciamos o caminho da Vida Cristã. Seguir Jesus no caminho e ser discípulo Dele nem sempre é fácil. O verdadeiro amor exige escolhas, renúncias e opções que nem sempre conseguimos fazê-las.

Objetivo: Despertar os catequizandos para o compromisso batismal como seguidores de Jesus Cristo e suas exigências de viver o amor aos irmãos.

Preparação do ambiente: A Bíblia, a vela e as flores. Fotos que mostrem diferentes situações e realidades.

1. MOMENTO DE ACOLHIDA E ORAÇÃO

- Receber os catequizandos com alegria. Perguntar como passaram a semana.
- Partilhar como foi a celebração do batismo na comunidade.
- Convidar para iniciar com o sinal da cruz e rezar, espontaneamente, por todos os batizados e para os necessitados citando pessoas que conhecem.
- Comentar: Hoje vamos refletir sobre o compromisso que temos como cristãos de seguir a Jesus Cristo e descobrir quais são as suas exigências no serviço aos irmãos.

2. JESUS VERDADE! AJUDA-ME A CONHECER A TUA PALAVRA

- Leitura do texto bíblico: Lc 10,25-37.
- Convidar para reler o texto sublinhando na Bíblia os personagens.
- Conversar sobre:
  - Segundo o texto o que está escrito na lei?
  - Quais são as atitudes narradas no texto?
  - Qual a proposta de Jesus ao jurista?

> **Para reflexão do catequista**
>
> Os melhores exemplos de viver bem e ter felicidade se encontram na Palavra de Deus. Num certo momento, Jesus é surpreendido por uma pessoa que conhecia bem a Sagrada Escritura e que deseja saber como alcançar a vida eterna. Inclusive, conhece todos os mandamentos. Jesus ajuda esse sábio a descobrir aquilo que ele não entendia: é no amor total a Deus e ao próximo que se constrói a vida eterna. Vida eterna é viver como Cristo viveu aqui.
>
> Com uma história, Jesus mostra a ele quem é o próximo que se deve amar: um homem é assaltado, espancado e fica à beira da estrada. Diante deste fato, Jesus mostra atitudes: A de um sacerdote e de um levita que não atendem o assaltado, porque achavam que iam se contaminar. É a atitude da "indiferença". A atitude do samaritano, pessoa desprezada, atende o caído com todo o cuidado e compaixão, sem olhar quem era esse ferido. É a atitude do amor.
>
> Com essas atitudes, Jesus faz o sábio pensar. Pergunta-lhe: Quem é o próximo do assaltado? Quando o sábio responde, então Jesus lhe diz como se participa da vida eterna: tornando-se próximo daquele que precisa. "Faça isso e viverás"! (v 28b).
>
> O amor a Deus passa pelo amor aos outros. O contrário não é amor e nem vida eterna. Não somos cristãos por ideias, mas por um modo de ser. O amor compromete, responsabiliza e exige cuidado, dedicação e gratuidade.

Documentos da Igreja para a reflexão do catequista

O Papa Bento XVI, ao falar da relação entre o amor a Deus e ao próximo, lembra a parábola do Bom Samaritano. Nela aprendemos que "qualquer um que necessite de mim e eu possa ajudá-lo é meu próximo. [...] Amor a Deus e amor ao próximo fundem-se num todo: no mais pequenino encontramos o próprio Jesus e, em Jesus, encontramos Deus" (Deus Caritas Est, 15). Segue ainda dizendo que "segundo o modelo oferecido pela parábola do bom Samaritano, a caridade cristã é, em primeiro lugar simplesmente a resposta àquilo que, em determinada situação, constitui a necessidade imediata: os famintos devem ser saciados; os nus, vestidos; os doentes, tratados para se curarem; os presos, visitados, etc." Para que um cristão viva assim, "é preciso levá-lo àquele encontro com Deus em Cristo que nele suscite o amor e abra seu íntimo ao outro de tal modo que para ele, o amor do próximo já não seja um mandamento, por assim dizer, imposto de fora, mas uma consequência resultante de sua fé que se torna operativa pelo amor (cf. Gl 5,6)" (Deus Caritas Est, 31).

3. JESUS CAMINHO! ABRE MEU CORAÇÃO PARA ACOLHER A TUA VONTADE

- Convidar a pensar e responder em seus cadernos:
  - O que esta Palavra nos ensina?
  - Conhecemos pessoas que agem como o Bom Samaritano?
  - Temos as atitudes do levita e do sacerdote em nossa vida e na comunidade?
  - Como vivo os mandamentos?
  - Como batizado vivo a minha relação de compaixão com "o meu próximo"?

4. JESUS VIDA! FORTALECE A MINHA VONTADE PARA VIVER A TUA PALAVRA

- Orientar para que cada catequizando escolha uma das figuras que está no centro da sala de encontros, e faça uma oração espontânea. Esta oração pode ser de perdão, de súplica, de agradecimento. Cada um faça como se sentir melhor.

5. COMPROMISSO

- No encontro de hoje, vimos a importância de estar atento às necessidades dos irmãos.
- Qual o compromisso que vamos assumir até o próximo encontro?
- Quem precisa de nossa ajuda? Do nosso cuidado? Da nossa acolhida?
- Que atitudes podemos assumir para nos tornarmos próximos dos outros?

6. COMPREENDENDO A MISSA

O Evangelho de Jesus: São quatro os evangelistas: Mateus, Marcos, Lucas e João. O Evangelho é escolhido pela Igreja, numa sequência coerente para que possamos progredir na compreensão da vontade de Deus. Toda a assembleia está de pé. A Palavra de Deus solenemente anunciada, não pode estar "dividida" com nada: com nenhum barulho, com nenhuma distração, com nenhuma preocupação. É como se Jesus, em pessoa, se colocasse diante de nós para nos falar. É a boa notícia de Jesus, Boa Nova, boa mensagem de salvação. Nós a acolhemos com alegria na missa e somos convidados a anunciá-la aos outros na missão, isto é, quando saímos da missa.

7. AVALIAÇÃO DO CATEQUISTA

Durante a semana, avaliar o encontro. Anotar os pontos fortes. Como se sentiu? Os objetivos foram alcançados? Quais foram as dificuldades encontradas?

Jesus ensina o caminho da felicidade

25º Encontro

— Preparando o encontro —

A proposta de Jesus nos mostra que o caminho da felicidade passa pelo amor fraterno e pelo compromisso de transformação das relações interpessoais. Quem ama de verdade, encontra a felicidade.

Objetivo: Confrontar a proposta de felicidade que Jesus faz com aquela que a sociedade nos propõe.

Preparação do ambiente: A Bíblia. A vela. Uma folha de papel com a expressão: "Felicidade é..." Revistas, tesoura, papel pardo para colagem de figura e cola. Colocar a folha escrita no meio da sala com as revistas e o material para recortar e colar ao redor.

1. MOMENTO DE ACOLHIDA E ORAÇÃO

- Dar as boas vindas. Perguntar sobre a semana que passou.
- Como viveu o compromisso que assumiu no último encontro?
- Convidar os catequizandos para agradecer a Deus pela semana que passou e pedir luzes para o encontro de hoje, rezando a invocação ao Espírito Santo que se encontra nas orações do cristão.
- Iniciando a conversa:
  - Comentar: Continuando a nossa caminhada, vamos responder completando a frase que está no centro, usando recortes de revistas: *Para mim, felicidade é...* (Quando todos terminarem, pedir para cada um mostrar o que fez e dizer o que é a felicidade.)

2. JESUS VERDADE! AJUDA-ME A CONHECER A TUA PALAVRA

- A Palavra de Deus nos ajuda a entender o que é a verdadeira felicidade. Propor aos catequizandos refletir e partilhar os ensinamentos da Palavra.

- Canto de aclamação: *A vossa Palavra Senhor*.
- Leitura do texto bíblico: Mt 5,1-12.
- Reler o texto.
- Quem são os felizes, segundo o Evangelho?
- Por que são felizes?

> **Para reflexão do catequista**
>
> Jesus, qual novo Moisés na montanha, propõe o caminho da felicidade e da realização humana. Em nada se assemelha com as propostas das sociedades e de princípios meramente mundanos. Os caminhos que Jesus propõe para a realização da felicidade humana são estes:
>
> - Propõe viver com espírito de pobreza para superar a sociedade de desigualdades. Ele valoriza todos os seres humanos como iguais e nobres.
> - Propõe consolar os aflitos que querem viver com liberdade e justiça.
> - Propõe conseguir o necessário para viver (sociedade) com uma vida de retidão, longe do orgulho e da vaidade.
> - Propõe que tenhamos misericórdia para que os pobres sejam curados e ajudados.
> - Propõe que todos tenham um coração puro, ou mãos limpas, para poder crer em Deus plenamente.
> - Propõe que se viva a paz e repartir os bens para todos viverem com dignidade.
>
> A felicidade do mundo é insignificante diante da proposta de Jesus. A proposta de felicidade de Jesus Cristo convida a renunciar aos valores que se opõem ao Reino de Deus. A origem da felicidade está nas escolhas de vida que se faz! Feliz é quem vive na justiça, em mansidão...
>
> Feliz é quem ouve a Palavra de Deus e a põe em prática na vida.

Documentos da Igreja para a reflexão do catequista

O Documento de Aparecida (n.139), nos ensina: "No seguimento de Jesus Cristo, aprendemos e praticamos as bem-aventuranças do Reino, o estilo de vida do próprio Jesus: seu amor e obediência filial ao Pai, sua compaixão entranhável frente à dor humana, sua proximidade aos pobres e aos pequenos, sua fidelidade à missão encomendada, seu amor serviçal até a doação de sua vida". Ao falar da pessoa humana, o Concílio Vaticano II afirma que "o homem foi criado por Deus para um fim feliz, além dos limites da miséria terrestre" (Gaudium et Spes, 18). Em Cristo, "que manifesta plenamente o homem ao próprio homem e lhe descobre a sua altíssima vocação" (Gaudium et Spes, 22), o homem encontra a si mesmo e a sua felicidade. Bento XVI nos diz: "Não tenham medo de Cristo! Ele não tira nada e dá tudo!" (Homilia na inauguração do Pontificado). E Santo Agostinho, afirma após ter passado pelo processo de conversão: "Tarde te amei, ó beleza tão antiga e tão nova, tarde te amei" (Confissões, 10,27).

3. JESUS CAMINHO! ABRE MEU CORAÇÃO PARA ACOLHER A TUA VONTADE

- Convidar a conversar e depois anotar o que cada um entende que precisa fazer para acolher a vontade do Senhor em sua vida.
    - O que há de semelhante sobre o que é felicidade e o que a Palavra de Deus nos propõe?
    - O que tem de diferente?
    - Após escutar a Palavra de Deus, como você define a felicidade?
    - Como ser feliz no mundo e na realidade de hoje?
    - O que o mundo nos oferece como felicidade é de fato, a felicidade?

4. JESUS VIDA! FORTALECE A MINHA VONTADE PARA VIVER A TUA PALAVRA

- Comentar e orientar:
    - Deus nos dá muitas coisas gratuitamente para sermos felizes. Com o coração agradecido e iluminado pelo amor de Deus representado nesta vela acesa que está no meio de nós, façamos o nosso agradecimento.

- Cada catequizando toma a vela acesa na mão e fala o que gostaria de agradecer.
- Após cada agradecimento, prever um canto com o tema das bem-aventuranças, utilizando dos recursos disponíveis.
- Orientar para rezar juntos.

Oração: *Ó Deus da alegria e da felicidade plena, és luz, esperança e força. Dá-nos a alegria da tua presença paterna para prosseguirmos no caminho da felicidade, fiéis ao Evangelho. Ajuda-nos a superar a vã felicidade que o mundo propõe. Nós te pedimos por teu Filho Jesus, na unidade com o Espírito Santo. Deus da vida e da felicidade, dá-nos a graça de vivermos em fraterna comunhão e a serviço do teu Reino. Derrama sobre nós tua bênção. Amém.*

5. COMPROMISSO:

- Conversar com os catequizandos para sugerir um compromisso à luz do que aprenderam no encontro.

6. COMPREENDENDO A MISSA

Homilia: É uma conversa familiar que o presidente da celebração faz com a assembleia reunida, ajudando-a a compreender a Palavra de Deus. A Bíblia não é um livro de sabedoria humana mas de inspiração divina. Jesus tinha encerrado sua missão na terra. Havia ensinado o povo e particularmente os discípulos. Tinha morrido e ressuscitado dos mortos. Missão cumprida! Mas sua obra de salvação não podia parar, devia continuar até o fim do mundo. Por isso, Jesus passou aos apóstolos o seu poder recebido do Pai e lhes deu ordem para que pregassem o Evangelho a todos os povos. O sacerdote é esse "homem de Deus". Na homilia, ele "atualiza" o que foi dito há dois mil anos e nos diz o que Deus está querendo nos hoje.

7. AVALIAÇÃO DO CATEQUISTA

Durante a semana, avaliar o encontro. Anotar os pontos fortes. Como se sentiu? Os objetivos foram alcançados? Quais foram as dificuldades encontradas?

A força do testemunho

26º Encontro

Preparando o encontro

Pela palavra e pelo modo de viver, podemos iluminar o mundo ou deixá-lo na escuridão. O testemunho depende da fidelidade à missão que Deus nos confiou.

Objetivo: Conscientizar os catequizandos da eficácia cristã do testemunho.

Preparação do ambiente: Um pratinho com sal, a vela, as flores e a Bíblia.

1. MOMENTO DE ACOLHIDA E ORAÇÃO

- Dar as boas vindas. Demonstrar a alegria de encontrar-se para refletir sobre o caminho do discipulado.
- Comentar e orientar:
  - Procuremos entrar em sintonia com Deus. Vamos respirar fundo, sentir nossa respiração, fechar os olhos, sentir as batidas do coração. (Deixar tempo para fazer o exercício.)
  - Vamos nos dar conta sobre com que espírito chegamos para mais um encontro de catequese. Que o Senhor nos ajude e ilumine neste encontro de hoje. Sintamos a alegria de nos reencontrar como grupo. Rezemos: uma Ave-Maria e um Glória ao Pai.
  - Juntos repetir em forma de mantra: Ó *luz do Senhor que vem sobre a terra, inunda meu ser, permanece em nós.*
- Iniciando a conversa:
  - Partilhar no grupo como realizaram o compromisso assumido. Como se sentiram realizando o compromisso do encontro passado, que era de fazer alguém feliz?

- Orientar: Depois que todos partilharam, cada um em silêncio faça uma oração.
- Comentar o texto do livro do catequizando: No encontro de hoje, vamos compreender como deve ser a vida do cristão. Jesus faz muitas comparações para explicar o sentido da Palavra de Deus. Vamos ver que Jesus compara o cristão com o "sal da terra" e a "luz do mundo". Que utilidade tem o sal? E o que significa a luz?
- Pedir para experimentarem um pouco de sal e dizer como se sentiram.

2. JESUS VERDADE! AJUDA-ME A CONHECER A TUA PALAVRA

- Convidar a acolher o Evangelho repetindo ou cantando: *Tua palavra é lâmpada para meus pés, Senhor! Lâmpada para meus pés, Senhor, luz para o meu caminho.*
- Leitura do texto Bíblico: Mt 5,13-16.
- Orientar a reflexão e partilha propondo:
  - Reler o texto individualmente com atenção.
  - O que chamou mais atenção do Evangelho que ouvimos? Por quê?
  - O que significam as afirmações: "Vocês são o sal da terra" e "Vocês são a luz do mundo"?

Para reflexão do catequista

Com as comparações do "sal" e da "luz", Jesus quer mostrar a força de quem vive o exemplo de vida cristã. Todos sabem da importância que tem o sal: dar gosto! É também símbolo da sabedoria! A expressão: "tem sal na cabeça", quer dizer que a pessoa é sensata, sábia. Jesus quer dizer que seus discípulos devem ser pessoas que dão sabor à vida e aos outros. Assim, o cristão colabora para que a humanidade não se corrompa, não apodreça e não tenha injustiças. Não podemos perder o sabor da justiça e da retidão.

E a luz? O discípulo de Jesus deve iluminar com o bom exemplo. É o testemunho que ilumina e não se envergonha de ser luz colocada no candeeiro da fé. A luz existe não para ser escondida, mas para iluminar o ambiente, o espaço, a vida das pessoas, o caminho. As boas obras cristãs iluminam a vida dos outros, mostrando-lhes como é bonita a vida do discípulo de Deus. O Evangelho também é uma luz que nos dá a justa medida do que é bom ou não. Ele ajuda a não nos enganarmos, isto é, pensarmos que estamos bem quando estamos mal.

Documentos da Igreja para a reflexão do catequista

Um escrito do 1º século do cristianismo apresentava a vocação de todo o cristão de ser sal da terra e luz do mundo: "O que a alma é no corpo, isto sejam no mundo os cristãos: como por todos os membros do corpo está difundida a alma, assim os cristãos por todas as cidades do universo" (Carta a Diogneto, 6). O cristão, em virtude dos dons recebidos, torna-se testemunha e instrumento vivo da missão da Igreja. Este é o ensinamento do Concílio Vaticano II, ao falar da missão dos leigos: "A eles, portanto, cabe de maneira especial iluminar e ordenar de tal modo as coisas temporais, às quais estão intimamente unidos, que elas continuamente se façam e cresçam segundo Cristo, para louvor do Criador e Redentor" (Lumen Gentium, 31). E, também, a Igreja no Brasil nos ensina que "unida pela fé compartilhada, a comunidade cristã é chamada a viver e testemunhar o amor que une todos os que creem em Jesus Cristo na Igreja, a família de Deus, para o serviço ao mundo" (Diretrizes da Ação Evangelizadora da Igreja no Brasil 2008-2010, 51).

3. JESUS CAMINHO! ABRE MEU CORAÇÃO PARA ACOLHER A TUA VONTADE

- Convidar a pensar sobre:
  - O que esta Palavra nos diz?
  - O que significa para nós, cristãos, sermos "sal" e "luz" para o mundo?
- Orientar:
  - Cada um escreva três nomes de pessoas que mais admira. (Deixar tempo para isto).
  - Dizer os nomes que escreveram e porque admiram estas pessoas.
  - Escrever três qualidades que mais admira de si mesmo e dizer o porquê.
  - Partilhar com o grupo o que escreveu.

4. JESUS VIDA! FORTALECE A MINHA VONTADE PARA VIVER A TUA PALAVRA

- Comentar: Jesus tem um grande amor por nós. Ele nos conhece, sabe de nossos erros e fraquezas. Assim mesmo, confia em nós e nos convida a sermos testemunhas do Evangelho.
- Convidar os catequizandos a ficarem em silêncio. Colocar um fundo musical. Depois de um tempo, pedir para lerem mais uma vez o Evangelho refletido.
- Comentar: Cada um de nós é chamado a ser testemunha de Jesus como luz no mundo.
- Orientar para responder as questões propostas em seus livros:
    - Como vou testemunhar Jesus Cristo nesta semana?
    - Escrever uma atitude pessoal e outra com a família.
- Cantar ou rezar o *Pai-Nosso Dos Mártires* (Zé Vicente) (preparar o texto com antecedência).

5. COMPROMISSO

- Viver o propósito que fizemos ao longo da semana.
- Muitas pessoas são testemunhas de Jesus. Escolheram ser sal e luz no mundo. Por isso sofreram a perseguição, o martírio e deram a vida. O que posso dar mais de mim mesmo?
- Durante a semana, pesquisar quem foi D. Oscar Romero, Ir. Dorothi, D. Luciano Mendes de Almeida, Santo Dias, Chico Mendes e outros. Escolher um deles para fazer uma pequena síntese para o grupo.

6. COMPREENDENDO A MISSA

Profissão de fé: É a oração do Creio. O Creio é a síntese de toda a fé. É a resposta do povo que celebra e busca viver a proposta de Deus. Nele estão expressas as verdades fundamentais da doutrina católica. Em todas as missas dominicais expressamos, através dessa oração, a mesma fé, as mesmas verdades e somos convidados a progredir na compreensão dessas verdades e vivê-las com mais amor, testemunho e esperança.

7. AVALIAÇÃO DO CATEQUISTA

Durante a semana, avaliar o encontro. Anotar os pontos fortes. Como se sentiu? Os objetivos foram alcançados? Quais foram as dificuldades encontradas?

Este é o meu Filho amado!

27º Encontro

— Preparando o encontro

Acolher a Palavra de Jesus e saborear os ensinamentos na confiança e na permanente companhia de Jesus nos torna fortes na fé, firmes na esperança e incansáveis na caridade. Escutar Jesus Cristo transforma a nossa vida e transfigura as relações humanas e sociais. Jesus é o Filho amado.

Objetivo: Ajudar os catequizandos a fazer a experiência do encontro com Deus, escutar a Palavra e seguir os ensinamentos de Jesus, o Filho de Deus.

Preparação do ambiente: Uma cruz com pano branco, o Círio, a Bíblia, as flores para cada catequizando e o fundo musical.

1. MOMENTO DE ACOLHIDA E ORAÇÃO

- Acolher os catequizandos com alegria e um abraço. Entregar uma flor para cada um. Depois, prosseguir dizendo:
  - Estamos reunidos em nome Deus. Ele que nos convida a seguir os passos de seu Filho Jesus. Com fé, façamos o sinal da cruz.
  - Vamos nos colocar na presença de Deus e sentir o nosso coração, a nossa respiração, ouvir os barulhos e sons que estão ao nosso redor. Façamos o exercício de escutar. (Silêncio.)
  - Senhor, queremos entender melhor a tua Palavra e viver os teus ensinamentos. De mãos dadas, rezemos a oração que o próprio Jesus nos ensinou: Pai-Nosso.

Canto: Escolher uma música conhecida e adaptada ao encontro.

- Iniciando a conversa:
  - Comentar que neste encontro irão recordar que é preciso perseverar na fé para compartilhar da glória com Jesus, como Ele se transfigurou no monte Tabor e que os Evangelhos descrevem. Os apóstolos transmitem o fato para as comunidades que fazem parte de sua evangelização.
  - Recordar como foi a transfiguração de Jesus, questionando: O que lembram do fato?
  - Explicar que no texto de hoje, um dos apóstolos que escreveu a segunda carta de São Pedro faz memória da transfiguração de Jesus.

2. JESUS VERDADE! AJUDA-ME A CONHECER A TUA PALAVRA

- Leitura do texto bíblico: 2 Pd 1,16.
- Orientar para:
  - Que cada catequizando leia um versículo.
  - Responder:
    - O autor faz um chamado de atenção. Qual é?
  - Destacar na Bíblia: Os fatos que os apóstolos foram testemunhas.

Para reflexão do catequista

A Palavra de Deus é constituída por parábolas, histórias, exemplos e testemunhos que marcaram o Povo de Deus. Os discípulos de Jesus foram testemunhas oculares de muitos fatos. Vivenciaram com Jesus e com as primeiras comunidades encontros e desencontros que marcaram suas vidas.

São Pedro, na segunda carta, escreve dizendo que "não foi seguindo fábulas que deu a conhecer o poder e a vinda de Jesus Cristo, mas sim, por ter sido testemunha ocular da sua grandeza e pelas experiências vividas". Assim Pedro diz: Os cristãos devem esforçar-se e devem confiar na palavra profética. Quando Pedro viu Jesus transfigurado e ouviu Deus falar no monte, a palavra profética ficou mais assegurada. Segundo ele, algumas vezes é necessário ser lembrados de coisas que já sabemos. O apóstolo Pedro reconheceu este fato e escreveu sua segunda carta com este propósito. Referindo-se ao seu corpo como "um tabernáculo," uma morada temporária, ele previu sua morte próxima e desejou lembrar aos cristãos da necessidade do crescimento espiritual. Através das preciosas promessas que Deus tem nos feito, os cristãos tornam-se participantes da divina natureza, no sentido em que podemos ser santos como Ele é santo, livres de amarras. Deus chama os homens através do Evangelho para participarem de sua própria glória. Deus providenciou tudo o que o homem precisa para sua vida espiritual e santidade. O comentário de Pedro se harmoniza bem com a promessa de Jesus aos seus apóstolos, que o Espírito Santo os guiaria em toda a verdade, conforme afirma o Evangelho de João.

Pedro observa que é preciso empenho para crescer na fé e que somos também escolhidos e amados por Deus.

Pedro afirma que seu ensinamento a respeito do poder e da vinda do Senhor não derivou de fábulas que ele havia inventado, mas que era testemunha ocular da majestade de Cristo (v 16). Ele tinha em mente a ocasião quando Jesus foi transfigurado, um acontecimento ao qual ele esteve presente para testemunhar a glória do Senhor (v17). Em acréscimo ao testemunho ocular dos apóstolos, as profecias do Primeiro Testamento também afirmaram a glória e o poder do Senhor. Estas profecias não se originaram da vontade humana, antes os profetas falaram como foram movidos pelo Espírito Santo (2 Pd 1,19-21).

Documentos da Igreja para a reflexão do catequista

O ensinamento da Igreja nos diz que na Transfiguração "por um instante, Jesus mostra sua glória, confirmando assim a confissão de Pedro. Mostra também que, para 'entrar na sua glória' (Lc 24,26), deve passar pela Cruz em Jerusalém. Moisés e Elias haviam visto a glória de Deus sobre a Montanha; a Lei e os Profetas tinham anunciado os sofrimentos do Messias. [...] A Trindade inteira apareceu: o Pai, na voz; o Filho no homem; o Espírito na nuvem clara" (Catecismo da Igreja Católica, 555). O Prefácio da liturgia desta festa reza assim: "Perante testemunhas escolhidas, Jesus manifestou sua glória e fez resplandecer seu corpo, igual ao nosso, para que os discípulos não se escandalizassem da cruz. Deste modo, como cabeça da Igreja, manifestou o esplendor que refulgiria em todos os cristãos" (Missal Romano, p.628).

3. JESUS CAMINHO! ABRE MEU CORAÇÃO PARA ACOLHER A TUA VONTADE

- Conversar:
    - Pedro, ao escrever a segunda carta, fala de sua experiência com Jesus e quer que seus seguidores perseverem e acreditem no Espírito Santo que move todas as coisas.
    - O que esta palavra diz para nós?
- Orientar: Vamos juntos fazer uma lista de situações, realidades, fatos que precisam ser transformados, para tornar a vida, o mundo e as pessoas conforme o jeito de Jesus.

4. JESUS VIDA! FORTALECE A MINHA VONTADE PARA VIVER A TUA PALAVRA

- Conversar:
    - Jesus é o Filho muito Amado. Nós também somos filhos amados de Deus. Como expressamos este amor?
- Convidar para que os catequizandos olhem para a cruz preparada e façam a sua oração. Perguntar: O que representa o pano branco na cruz?
- Orientar para que círio passe de mão e mão (utilizar um fundo musical). O catequista conduz os catequizandos para refletirem a vida de Jesus, o bem que ele fez, o desejo de vida em abundância, o amor que Ele tem por nós e agradecer por tudo que temos e somos.
- Convidar para rezar juntos um Pai-Nosso pelas realidades que precisam ser transformadas em nosso mundo, como a fome, o desemprego e a destruição do planeta.

5. COMPROMISSO

- Ajudar alguém que está sofrendo. Pode ser um doente, uma pessoa idosa, buscando com sua presença mudar sua situação.
- Escolher uma situação familiar ou da comunidade, que deve ser mudada para estar de acordo com a Palavra de Deus. Procurar fazer alguma coisa, ao longo da semana, motivados pela Palavra refletida neste encontro.
- Expressemos o compromisso de nos ajudar mutuamente com o gesto de trocar nossas flores recebidas no início do encontro. Este gesto lembra as relações de respeito, entreajuda e ternura que devemos ter uns pelos outros.

6. COMPREENDENDO A MISSA

Oração da comunidade ou oração dos fiéis: Após a oração do Creio, a comunidade celebrante é convidada a elevar seus pedidos ao Pai. Conforme diz São Paulo: "apresentai a Deus todas as vossas necessidades pela oração e pela súplica em ação de graças" (Fl 4,6). Diante dos apelos que a Palavra proclamada nos faz e a partir das necessidades da comunidade, da Igreja e do mundo, apresentamos pedidos e súplicas pelas necessidades, angústias, dores e desejos. É bom que a comunidade elabore e prepare suas preces e não apenas ler as que estão prontas em folhetos. As vezes, não expressam a realidade da comunidade. A resposta às preces seja cantada ou manifestada com confiança em forma de intercessão.

7. AVALIAÇÃO DO CATEQUISTA

Durante a semana, avaliar o encontro. Anotar os pontos fortes. Como se sentiu? Os objetivos foram alcançados? Quais foram as dificuldades encontradas?

28º Encontro

Ser discípulo é comprometer-se na comunidade

Preparando o encontro

A pessoa humana, criada pelo amor de Deus, recebe muitos dons e carismas. Colocar os dons a serviço é criar relações de fraternidade entre as pessoas, respeitar as diferenças, construir o bem comum, despertar a solidariedade e fortificar a vida comunitária.

Objetivo: Conscientizar os catequizandos do valor de acolher os dons para servir as pessoas, a comunidade e o bem comum.

Preparação do ambiente: A Bíblia, a vela, um vaso com muitos tipos de flores e uma cartolina escrita com a palavra "Comunidade".

1. MOMENTO DE ACOLHIDA E ORAÇÃO

- Dar as boas vindas.
- Motivar a partilhar como foi a semana, o que fizeram de bom, se aconteceu alguma novidade em relação ao compromisso assumido no encontro passado.
- Fazer uma oração espontânea com eles.

Canto: Apropriado ao tema.

- Iniciando a conversa:
  - Os discípulos receberam a missão de Jesus de formar comunidades servidoras.
  - Vocês lembram do encontro que tivemos tempos atrás, das primeiras comunidades cristãs? Como elas viviam? (Deixar um tempo para fazer a memória deste encontro.)

- Hoje, vamos continuar aprofundando o conhecimento sobre as primeiras comunidades cristãs. Veremos que naquela época existiam conflitos e tensões nas comunidades. Mesmo assim, os seguidores de Jesus não deixavam de viver em comunidade e de colocar os dons a serviço dos irmãos.

2. JESUS VERDADE! AJUDA-ME A CONHECER A TUA PALAVRA

- Convidar a acolher a Palavra cantando: à escolha do catequista.
- Leitura do texto bíblico: At 6,1-7.
- Refletir a Palavra e conversar sobre as seguintes perguntas:
    - Quem aparece no texto?
    - Que conflitos aparecem no texto?
    - O que fizeram para superar as dificuldades?
    - Quem decidiu o que fazer e como fizeram?

Para reflexão do catequista

Lucas escreve o seu Evangelho e os Atos dos Apóstolos. O Evangelho mostra a vida de Jesus e o caminho para os discípulos. No livro dos Atos dos Apóstolos, encontramos a vida e o caminho das comunidades inspiradas na vida de Jesus. Em At 2,42-47, encontramos como eram estas comunidades. Nas primeiras comunidades também haviam problemas e pessoas com dificuldades.

Lucas mostra uma destas dificuldades em Atos 6, 1-7: essa comunidade estava em Jerusalém e era formada por pessoas de diferentes raças, como a judia e a grega. Os judeus eram bem tradicionais. Os gregos eram mais livres e abertos. Um dos valores mais fortes das primeiras comunidades era a ajuda aos mais pobres, principalmente às viúvas. Os judeus cuidavam das suas viúvas e não tanto das viúvas dos gregos. Os gregos reclamaram desta exclusão na comunidade.

Nas comunidades há problemas porque todas as pessoas têm qualidades e defeitos. Onde há pessoas sempre aparecem imperfeições, fraquezas e limitações. O texto mostra como foi resolvido esse problema da distinção entre judeus e gregos: elegem ajudantes honestos para ajudar os apóstolo. Estes servidores são chamados diáconos.

Nas comunidades, as tarefas devem ser divididas. Conforme as necessidades, busca-se novos líderes, ministérios e serviços. Os dons devem ser partilhados para evitar que algumas pessoas tenham que estar sobrecarregadas. Os apóstolos convocaram a comunidade para escolher quem assumisse a assistência com honestidade! Deus chama e conta conosco para ajudar na comunidade.

Documentos da Igreja para a reflexão do catequista

A comunidade cristã se forma pela participação de todos os batizados. Assim nos orienta a CNBB (Conferência Nacional dos Bispos do Brasil): "Importa testemunhar a efetiva participação de todos nos destinos da comunidade. A comunhão de amor se manifesta na diversidade de carismas, serviços e ministérios. Toda pessoa é portadora de dons, que deve desenvolver em unidade e complementaridade com os dons dos outros, a fim de formar o único Corpo de Cristo, a Igreja. Cada comunidade é chamada a descobrir e integrar os talentos escondidos e silenciosos, com os quais o Espírito presenteia os fiéis" (Diretrizes da Ação Evangelizadora da Igreja no Brasil 2008-2010, 163). Esta participação deve se dar no diálogo. "No interior da comunidade eclesial, o diálogo deve ser regra permanente para a boa convivência e o aprofundamento da comunhão. A variedade de vocações, espiritualidades e movimentos deve ser vista como riqueza e não como motivo para competição, rejeição ou discriminação" (Idem,153).

3. JESUS CAMINHO! ABRE MEU CORAÇÃO PARA ACOLHER A TUA VONTADE

- Motivar para conversar:
    - Conhecemos os conflitos que existem em nossa comunidade?

- Sabemos das necessidades que a nossa comunidade tem?
- Como podemos superar os conflitos?
- Orientar para fazer uma encenação que manifeste algumas situações difíceis na vida comunitária e que mostre a solução dos problemas.

4. JESUS VIDA! FORTALECE A MINHA VONTADE PARA VIVER A TUA PALAVRA

- Convidar os catequizandos a olharem para o papel onde está escrito a palavra "Comunidade".
- Rezemos pedindo perdão a Deus e à comunidade cristã pelas nossas indiferenças, pela omissão, pelas críticas, pela pouca colaboração. Após cada pedido, cantar.
- Na certeza do nosso arrependimento e do perdão de Deus, rezemos o ato de contrição.
- Na alegria do perdão e do convite de Deus para permanecermos na comunidade, vamos escrever ao redor da palavra "Comunidade". Qual o jeito de comunidade que queremos ser?
- Louvemos a Deus pela nossa comunidade, por todas as pessoas que a ajudam e colaboram para que seja mais conforme o Evangelho. Assim como este vaso, com diferentes flores embeleza o ambiente, também nós, com nossas diferenças, somos convidados a embelezar a comunidade com a diversidade de dons a serviço dos irmãos.

Canto: À escolha.

5. COMPROMISSO

- Propor:
    - O que você pode fazer para que a comunidade seja mais autêntica no seguimento de Jesus Cristo.

6. COMPREENDENDO A MISSA

Na celebração eucarística (missa) participamos de duas mesas: a mesa da Palavra e a mesa da Eucaristia. Depois de sermos alimentados pela Palavra que suscita conversão e dá sentido à vida, nos fortalecemos da Eucaristia, alimento da vida plena. No altar é oferecido o pão da vida – Jesus no mistério total de sua Páscoa, alimento de nossa caminhada. As duas mesas merecem igual importância. Mesa da Palavra e mesa da Eucaristia estão intimamente ligadas entre si. Deve-se evitar usar estas duas mesas para outras funções. Não são próprias para avisos, recados, comentários.

7. AVALIAÇÃO DO CATEQUISTA

Durante a semana, avaliar o encontro. Anotar os pontos fortes. Como se sentiu? Os objetivos foram alcançados? Quais foram as dificuldades encontradas?

O discípulo sabe reconhecer e agradecer

29º Encontro

— Preparando o encontro —

Agradecer é um dos gestos mais nobres do coração humano. Agradecer a Deus pelo dom da vida e reconhecer as pessoas pela ajuda que nos prestam nos faz pessoas queridas e amadas. A gratidão é um tesouro que está no coração da pessoa humana. Uma das características mais importantes da fé cristã é a gratidão a Deus. Gratidão ocorre sempre que alguém faz algo que o outro gostaria que acontecesse, sem esperar nada mais em troca, e isso faz com que a pessoa que fez a ação se sinta feliz e a que recebeu também. A gratidão traz junto dela uma série de outros sentimentos, como amor, fidelidade, amizade e muito mais, diz-se que a gratidão é um sentimento muito nobre.

Objetivo: Perceber o valor de agradecer a Deus criador, às pessoas e aos sinais do Reino de Deus.
Preparação do ambiente: A Bíblia, a vela, as frutas, a água, bolachas, roupas, alimento e outras coisas boas que vêm de Deus.

1. MOMENTO DE ACOLHIDA E ORAÇÃO

- Dar as boas vindas. Convidar os catequizandos a conversar em duplas.
- Contar como foi a semana, o que conseguiu fazer para que a comunidade seja mais autêntica no seguimento de Jesus Cristo.
- Cada dupla faz uma oração agradecendo por aquilo que conseguiu fazer.

- Iniciando a conversa:
  - Hoje vamos refletir sobre os dez leprosos que Jesus cura, sendo que apenas um volta para agradecer a Jesus.
  - Motivar a refletir sobre:
    - O que significa agradecer?
    - Quem tem o costume de agradecer?
    - O que você pensa de quem sabe agradecer?

2. JESUS VERDADE! AJUDA-ME A CONHECER A TUA PALAVRA

- Canto: Adequado ao tema.
- Leitura do texto bíblico: Lc 17,11-19.
- Juntos, vamos reconstruir o texto. Cada um lembra uma parte do texto.
  - O que mais chamou a atenção?
  - Quantos eram os leprosos curados? Quantos voltaram?
  - Como foi a atitude do leproso que voltou?
  - O que fez Jesus com o leproso que voltou?

Para reflexão do catequista

Os leprosos e doentes eram pessoas excluídas do convívio da família e da sociedade. A lepra era considerada uma doença que contaminava. Os rabinos ensinavam que a doença ou a pobreza era castigo de Deus a quem era pecador. Por isso, os leprosos eram considerados impuros e não podiam ser tocados. Não podiam chegar perto das pessoas e nem serem visitados. Portanto, os leprosos e doentes eram excluídos em todos os sentidos.

É nessa situação que dez leprosos se encontram com Jesus e pedem que Ele os ajude. Jesus os atende sem medo. Depois manda-os apresentarem-se aos sacerdotes. Estes eram os responsáveis para autorizar os doentes curados a voltar à sua família e à sociedade. Ao se perceberem curados, só um (o samaritano) volta para agradecer! Aqui está o ensinamento, a mensagem do Evangelho:

- O sofrimento e a desgraça unem as pessoas e as tornam amigas. Por isso, é muito errado pensar que um é mais que outro ou que a doença é um castigo.

- Os dez buscaram a cura juntos. Pediram juntos. É essencial saber rezar em comunidade e partilhar as dores e os sofrimentos em comunhão uns com os outros.

- Aquele que era visto como o pior (samaritano) é o único que se lembra de agradecer. Nenhum dos outros nove (judeus) agradecem! Não é justo lembrar de Deus somente na necessidade e depois esquecê-lo. O verdadeiro discípulo busca Deus sempre! Escuta e segue sempre seu caminho! A gratidão é reconhecer as maravilhas que Deus realiza e valorizar o bem que as pessoas fazem.

Documentos da Igreja para a reflexão do catequista

Jesus reza agradecendo ao Pai: "Pai eu te dou graças por me teres ouvido" (Jo 11,41). E nos ensina que "antes que o dom seja feito, Jesus adere Àquele que dá seus dons. O Doador é mais precioso do que o dom concedido, ele é o 'Tesouro', e nele é que está o coração de seu Filho; o dom é dado 'por acréscimo'" (Catecismo da Igreja Católica, 2604). Ainda nos fala o Catecismo: "A ação de graças caracteriza a oração da Igreja que, celebrando a Eucaristia, manifesta e se torna mais aquilo que ela é. [...] As cartas de São Paulo começam e terminam por uma ação de graças, e o Senhor Jesus sempre está presente. 'Por tudo dai graças, pois esta é a vontade de Deus a vosso respeito, em Cristo Jesus' (1Ts 5,18). 'Perseverai na oração, vigilantes, com ação de graças'" (n. 2637-2638). A Eucaristia é a grande oração de ação de graças: "Eucaristia significa, primeiramente, ação de graças" (Catecismo da Igreja Católica, 1360).

3. JESUS CAMINHO! ABRE MEU CORAÇÃO PARA ACOLHER A TUA VONTADE

- Para conversar:
  - O que o texto nos ensina?
  - Sou uma pessoa agradecida ou só sei pedir?
  - Alguém lembra de agradecer ou rezar antes da refeição?

- Qual a mensagem que fica para minha vida?
- Orientar para anotar o que cada um sente que precisa fazer sobre o que conversaram para melhor acolher a Palavra de Deus em sua vida.

4. JESUS VIDA! FORTALECE A MINHA VONTADE PARA VIVER A TUA PALAVRA

- Orientar para:
  - Olhar para o centro da sala, e responder: O que vemos? De onde vem todas estas coisas?
  - Convidar os catequizandos a escolher alguma coisa. Perguntar: Por que escolheu isto e não outra coisa?
  - Assim que todos falarem, pedir para os catequizandos fazerem uma oração de agradecimento. Ao final, partilhar o pão e as frutas.

5. COMPROMISSO

- Organizar com os catequizandos o compromisso como resultado do encontro.

6. COMPREENDENDO A MISSA

A missa, também chamada Eucaristia, faz memória da paixão, morte e Ressurreição do Senhor. O pão e o vinho, partilhados em forma de refeição, são um momento de ação de graças e súplica a exemplo de Jesus na Última Ceia. Eucaristia é o principal Sacramento da Páscoa cristã. A liturgia eucarística além do encontro da comunidade, traz aos fiéis a Palavra e a Eucaristia e a síntese da vida de Jesus. A Eucaristia é a oferta, adoração e a glorificação a Deus, pelos benefícios recebidos, para obter de Deus o perdão dos pecados e para pedir a Deus graças e favores.

7. AVALIAÇÃO DO CATEQUISTA

Durante a semana, avaliar o encontro. Anotar os pontos fortes. Como se sentiu? Os objetivos foram alcançados? Quais foram as dificuldades encontradas?

Anexos

Amo minha Igreja! Sou dizimista

Anexo 1

— Preparando o encontro —

O dízimo faz parte da vida cristã. A experiência profunda de fé se manifesta também no dízimo como expressão de gratidão a Deus por tudo o que recebemos. O dízimo está presente desde o início da história do Povo de Deus. Quem oferece o dízimo faz a sua parte. Participar do dízimo é um grande ato de fé, de agradecimento a Deus, pois forma a comunidade através da justa partilha. "Amo minha Igreja! Sou dizimista".

Objetivo: Despertar para a importância do dízimo para a vida cristã e para a comunidade.
Preparação do ambiente: A Bíblia, uma vela, a frase: "Amo minha Igreja! Sou dizimista!"

1. MOMENTO DE ACOLHIDA E ORAÇÃO

- Acolher a cada um, entregando a frase escrita: "Amo minha Igreja! Sou dizimista!" (Em forma de folha, pétala de flor ou um coração).
- Sinal da cruz cantado.
- Convidar para rezar juntos:

Senhor, fazei de mim um dizimista consciente e alegre. Que meu dízimo seja grato agradecimento, ato de amor e reconhecimento de vossa bondade. O que tenho de bom, de vós recebi: vida, fé, saúde, amor, família, bens. Ajudai-me a partilhar com justiça e generosidade. Tirai o egoísmo de meu coração e a vaidade de minha mente. Que eu vos ame cada vez mais e que ame cada vez mais os meus irmãos. Quero ser no mundo espelho de vosso amor e de vossa paz. E que meu dízimo seja fonte de bênçãos para mim, para minha família e para minha comunidade. Amém.

Canto: *Agora é tempo de ser Igreja.*

- Iniciando a conversa:
    - Hoje vamos conversar sobre o tema do dízimo. Certamente já ouvimos falar alguma coisa. O que já sabemos sobre este assunto? O que é o dízimo? Quem deve contribuir com o dízimo e para que serve? (Deixar um tempo de diálogo e de partilha.)

2. JESUS VERDADE! AJUDA-ME A CONHECER A TUA PALAVRA

- Leitura do texto bíblico: Ecl. 35, 4-10 e At 4, 32-35.
- Orientar para refletir e partilhar:
    - O que diz cada um destes textos bíblicos?
    - Destacar a frase ou a expressão que mais ficou gravada em você.
    - Reler, em silêncio, procurando colocar-se no cenário do texto.

Para reflexão do catequista

A Palavra de Deus nos textos que ouvimos, mostra a pessoa que tem capacidade em reconhecer os dons de Deus e a assumir uma atitude de gratidão a Ele e de gratuidade para com as pessoas. Assume a atitude de doação com liberdade e gratuidade. O texto dos Atos dos Apóstolos revela o retrato da comunidade que é capaz de viver o espírito de comunhão que gera amor, fraternidade e partilha dos bens. Não são movidos pela lei, mas pelo amor, pelo sentido de pertença à comunidade, de fidelidade ao grupo, pelo sentido de partilha livre e consciente. Este espírito de partilha dos bens e de fraterna comunhão é movido pela necessidade de cada um estar voltado para os mais necessitados, procurando superar a distância entre ricos e pobres. Para que todos tenham o necessário, é preciso a decisão e a vontade de partilhar. Isto é dom de Deus. É reconhecer e ter consciência da bondade de Deus para conosco.

Para entender melhor: Nosso dízimo ajudará a prover o sustento daqueles que dedicam todo seu tempo a serviço da comunidade. Na compra de remédios para os doentes que procuram a comunidade, para conseguir cestas básicas para as famílias necessitadas, como auxílio nas dificuldades dos membros da comunidade e na formação das lideranças.

O dízimo é usado para a manutenção e conservação do patrimônio, o pagamento de taxas, impostos e limpeza da comunidade.

É destinado também para Igreja diocesana na formação dos seminaristas, para as missões e para realizar a missão que Jesus deu a Igreja de anunciar a Boa Nova para todos os povos. Portanto, o dízimo é um pouco de nós mesmos que apresentamos a Deus!

3. JESUS CAMINHO! ABRE MEU CORAÇÃO PARA ACOLHER A TUA VONTADE

- Para conversar com os catequizandos:
  - O que tudo isto diz para mim e para o nosso grupo?
  - Sabemos como está organizado o dízimo em nossa comunidade, em nossa paróquia?
  - É prestado conta na comunidade sobre o valor das entradas e saídas do dízimo e para que foi destinado?
  - Você que é batizado e participa na Igreja, já é dizimista? Gostaria de ser?

4. JESUS VIDA! FORTALECE A MINHA VONTADE PARA VIVER A TUA PALAVRA

- O que esta Palavra e esta reflexão me fazem dizer a Deus? (Cada um, no silêncio do seu coração, faça uma oração.)
- Diante da vela acesa e da Bíblia, estender a mão e repetir juntos as seguintes frases: (O catequista fala e o grupo repete.)

1. O dízimo é um compromisso do cristão que ama a Deus e sua comunidade.

2. O dízimo é um ato de fé, sinal de agradecimento pelos dons e bens recebidos de Deus.

3. O dízimo é um ato de louvor e de adoração a Deus.

4. O dízimo é o reconhecimento de que tudo pertence a Deus.

- Queremos compreender o dízimo como sinal de generosidade dos discípulos e discípulas de Jesus.
- Digamos após cada oração:

Todos: Nossa missão é a comunhão.

L1: Nós, cristãos, cremos num Deus generoso, que criou o universo e aos seres humanos para sermos felizes.

L2: Com toda a criação, nós homens e mulheres feitos à imagem e semelhança de Deus, nos sentimos "em casa" quando estamos reunidos.

L3: Batizados em nome do Pai e do Filho e do Espírito Santo, participamos da vida e da comunhão divina.

L1: Igreja é comunhão, vida e missão. Essa comunhão é serviço e doação. Nossa comunhão deve ser também na economia solidária e fraterna.

Canto: *Quem disse que não somos nada.*

5. COMPROMISSO

- Nesta semana, procurar saber como está organizado o dízimo em sua comunidade: Quem são os zeladores? Quem são os responsáveis por este serviço?
- Conversar em casa sobre este assunto do encontro de hoje e ver com os pais como a família participa do dízimo.

5. AVALIAÇÃO DO CATEQUISTA

- Durante a semana, avaliar o encontro. Anotar os pontos fortes. Como se sentiu? Os objetivos foram alcançados? Quais foram as dificuldades encontradas?

Vocação: chamado à vida

Anexo 2

― Preparando o encontro ―

A vocação é um chamado de Deus e a resposta é pessoal e livre. Deus chama a cada um de nós se servindo de pessoas, necessidades, fatos, acontecimentos, inspirações... É Deus quem toma a iniciativa. Ele chama pelo nome, nos tira do anonimato e nos confere uma missão e capacita para ela. A resposta da pessoa se dá como doação e serviço concreto ao Povo de Deus. O primeiro chamado que Deus faz a cada um é o chamado à vida: é a vocação humana. Nós somos únicos, seres criados à imagem e semelhança de Deus.

Objetivo: Ajudar os adolescentes a perceberem a importância da vida e da vocação.

Preparação do ambiente: É importante preparar o ambiente com a Palavra de Deus, a vela, com diversas figuras de pessoas em diferentes realidades e estilos de vida.

1. MOMENTO DE ACOLHIDA E ORAÇÃO

- Juntos fazem o sinal da cruz. Acendem a vela e rezam ou cantam: *É preciso cuidar* (Pe. Osmar Coppi).

2. JESUS VERDADE! AJUDA-ME A CONHECER A TUA PALAVRA

- Leitura do texto bíblico: Is 43, 1-7.
- Orientar para refletir e partilhar:
  - Reler o texto.
  - O que o texto diz?
  - Destaque frases e expressões que mais chamaram atenção.

3. JESUS CAMINHO! ABRE MEU CORAÇÃO PARA ACOLHER A TUA VONTADE

- Pesquise na internet a *Parábola do amor-perfeito* e prepare-a em folhas ou cartaz. Depois peça aos catequizandos para ler e conversarem sobre as seguintes questões:
    - O que esta história tem a ver com o chamado de Deus e que relação tem com o texto bíblico?
    - Como posso contribuir ou me comprometer para que a minha vida, a vida da minha família, da comunidade, da sociedade e do planeta seja plena de harmonia e encantamento?
    - Qual a relação desta história com a vocação à vida?
    - Deus chama a cada um pelo nome. Você recebeu um nome e ele te identifica como pessoa. Mesmo que alguém tenha o nome igual ao seu, você é único e irrepetível. O que o seu nome significa para você? Você gosta do seu nome? Por quê?

4. JESUS VIDA! FORTALECE A MINHA VONTADE PARA VIVER A TUA PALAVRA

- O que o texto me leva a dizer a Deus? Faça sua oração. Depois, partilhar no grupo.
- O texto bíblico que lemos diz:"Agora, porém, assim diz Javé, aquele que criou você, aquele que formou você. Não tenha medo porque eu o redimi, e o chamei pelo nome; você é meu".
- Em silêncio, pensemos: Nós somos chamados, recebemos um nome, somos de Deus.
- Rezar a oração vocacional que se encontra junto nas Orações do cristão.

5. COMPROMISSO

- Destacar de maneira criativa, aspectos significativos da vivência da sua vocação humana, ou seja, da sua resposta positiva do chamado à vida.
- Como podemos viver pessoalmente o projeto de Deus em nossa existência?
- O que podemos fazer como grupo?

6. AVALIAÇÃO DO CATEQUISTA

Durante a semana, avaliar o encontro. Anotar os pontos fortes.

Como se sentiu? Os objetivos foram alcançados? Quais foram as dificuldades encontradas?

Vigília de Pentecostes

Ambientação: Se possível, organizar uma fogueira e iniciar a celebração fora da Igreja, ao redor da fogueira. Na Igreja ou sala onde acontecer a celebração, com pouca luz, prever um local para colocar o Círio Pascal e 7 velas, simbolizando os dons do Espírito.

Criar um clima de silêncio e de oração.

Mantra: *Ó luz do Senhor, que vem sobre a terra, inunda meu ser, permanece em nós.*

Animador: Queridos catequizandos, irmãos e irmãs, sejam todos bem-vindos a este encontro de oração. Preparamos a festa de Pentecostes, na reflexão e no louvor. Reviveremos intensamente a vinda do Espírito Santo. É Ele quem fortifica e anima a nossa caminhada de Iniciação à Vida Cristã e o nosso compromisso com a vida e com a nova realidade humana e cristã. (Acender o círio com o fogo da fogueira, dizendo a frase a a seguir.)

A luz de Cristo ressuscitado, brilhe hoje, em nossa noite, acabando com toda a escuridão.

(Erguendo bem o círio, todos cantam.)

Refrão: *Deixa a luz do céu, entrar. Deixa o sol em ti nascer. Abre bem as portas do teu coração. E deixa a luz do céu entrar.*

Animador: Celebramos a festa de Pentecostes cinquenta dias após a Páscoa. Dia em que o Povo de Deus lembra a aliança que Deus fez conosco e a lei que ele nos deu. Jesus e os apóstolos celebraram esta festa. Nós, crismandos, comunidade e famílias, celebramos esta festa. Recebemos uma nova força do Espírito para sermos testemunhas do Cristo e vivermos em nossa comunidade, em nossa Igreja, um novo Pentecostes.

(Todos vão acendendo suas velas no círio e entrando na Igreja cantando.)

Canto: *Sim, eu quero a luz de Deus!*

(Alguém introduz o Círio Pascal, com uma túnica vermelha. Todos com suas velas acesas entram na Igreja.)

Oração: *Deus, que instruístes os corações dos fiéis, com a luz do Espírito Santo, faze que apreciemos retamente todas as coisas, segundo o mesmo Espírito e gozemos sempre da tua materna consolação. Por Cristo, nosso Senhor. Amém.*

Animador: Façamos um instante de silêncio. Lembremos a vida, a esperança que sustenta e alimenta nosso Caminho de Iniciação à Vida Cristã.

(Após o silêncio, todos de pé, acolhem sete crismandos que entram de diferentes pontos da Igreja, com túnicas coloridas, introduzindo sete velas simbolizando os dons do Espírito e as colocam junto ao Círio Pascal num lugar previamente preparado para isto e canta-se.)

Canto: *A nós descei, divina luz!*

Animador: "Homens da Judéia e todos vocês que se encontram em Jerusalém, prestem atenção e fiquem sabendo que Deus tornou Senhor e Cristo aquele Jesus que vocês crucificaram". Escutemos a Palavra de Deus.

Leitura do texto bíblico: Atos 2,1-13.

Animador: Façamos silêncio em nosso coração para revivermos mais intensamente os sentimentos experimentados pelos apóstolos.

Breve reflexão: Reunidos com Maria, em oração, trancados por medo dos judeus, os apóstolos esperavam o Espírito prometido por Jesus. O prodígio foi ainda maior, pois pessoas que falavam as mais diversas línguas entenderam perfeitamente o que diziam os apóstolos. Eles falavam a linguagem do amor. Nossa Igreja, em meio a tantas dificuldades, precisa de profetas, de pessoas que, animadas pelo Espírito, testemunhem sua fé e doação à causa do Evangelho. Diariamente, em nossa comunidade, convivemos com pessoas que são verdadeiros profetas. São pessoas que exercem o voluntariado, agentes de pastoral, ministros, catequistas que não medem esforços para promover a vida e resgatar a dignidade humana agredida e ferida de tantos irmãos. Vamos ouvir atentamente os testemunhos de algumas dessas pessoas que tanto admiramos.

(Breves testemunhos de líderes ou pessoas presentes que relatem como o Espírito está operando neles. Após cada testemunho, canta-se uma estrofe de um canto apropriado.)

Animador: A nossa Igreja celebra mais um ano de existência, pois foi no dia de Pentecostes que, pela ação do Espírito Santo, teve início a primeira comunidade de pessoas que manifestaram publicamente e corajosamente sua fé no Senhor Jesus, morto e ressuscitado. Digamos após cada reflexão:

Todos: Vem, Espírito Santo! renova a face da terra.

Leitor 1: Inspirados e animados pelo Espírito Santo, milhares de missionários deixaram tudo para anunciar a Boa Nova de Jesus nos cinco continentes, enfrentando todo tipo de dificuldade para que o seu Reino se estendesse no mundo todo.

Todos: *Vem, Espírito Santo! Renova a face da terra.*

Leitor 2: Isso tudo é maravilhoso, mas não podemos fechar os olhos diante de tantos cristãos e cristãs que vivem sem valorizar a presença do Espírito Santo em suas vidas. Embora batizados, eles são pessoas carentes de espiritualidade e de ardor missionário!

Todos: *Vem, Espírito Santo! Renova a face da terra.*

Leitor 1: Pedro, movido pelo medo, chegou a dizer que não era discípulo de Jesus. Com a vinda do Espírito Santo, ele muda completamente e apresenta Jesus como o único Salvador do mundo.

Todos: *Vem, Espírito Santo! Renova a face da terra.*

Leitor 2: Todos somos responsáveis pela vida, no crescimento da fé, no anúncio de Jesus. É o compromisso cristão recebido no batismo pela força do Espírito. Por isso, cantemos:

Canto: *Pelo batismo recebi uma missão.*

Animador: A primeira comunidade cristã, com a força do Espírito Santo, já nasceu missionária. Os cristãos viviam unidos, rezando, comungando o corpo de Jesus. Rezemos todos juntos, de mãos dadas, a oração do Senhor: Pai-Nosso...

Animador: Dom Helder Câmara, grande profeta, afirmou: "Sem o Espírito Santo, tudo parece tão estranho: Deus parece estar distante; Cristo, algo do passado; o Evangelho, letra morta; a Igreja, uma simples empresa; a autoridade, um domínio; a missão, uma propaganda; o agir cristão, uma moral de escravos".

Todos: *Vem, vem, vem, vem espírito santo de amor. Vem a nós, traz à Igreja, um novo vigor.*

Oração: *Ó Deus, com a fecundidade do teu Espírito animaste a vida e a missão dos primeiros discípulos e discípulas de Jesus. Ilumina com o mesmo Espírito os nossos corações e acende neles o fogo do teu amor, para que sejamos testemunhas da tua ressurreição. Pedimos isso, em nome de Jesus, nosso Senhor.*

Todos: Amém.

BÊNÇÃO FINAL

Animador: "Homens da Galiléia, por que ficais aí olhando para o céu?" Hoje também o Espírito Santo nos impele a sairmos de nós mesmos para anunciar a Boa Nova da justiça, da paz, da alegria, da vida e do amor.

Todos: *Queremos anunciar Jesus, com a força do teu Espírito.*

Animador: Revestidos pelo Espírito Santo, vamos anunciar Jesus ressuscitado ao mundo inteiro. "Vós sereis minhas testemunhas até os confins do mundo".

Todos: *Queremos anunciar Jesus, com a força do teu Espírito.*

Animador: O Deus que derramou em nossos corações o Espírito

Santo do seu filho nos encha de alegria e consolação, agora e sempre. Ide, portanto, pelo mundo inteiro e fazei discípulos meus todos os povos, ensinando e batizando em nome do Pai e do Filho e do Espírito Santo.

Todos: *Queremos anunciar Jesus, com a força do teu Espírito.*

Animador: Ide em paz, na certeza de que o Senhor estará com vocês todos os dias até o fim dos tempos.

Todos: *Queremos anunciar Jesus com a força do teu Espírito.*

(Cada catequizando recebe uma vela ou uma chama em forma de crachá com a frase: O Espírito Santo habita em mim. Todos se abraçam, num gesto de paz e de despedida. Enquanto isso, todos cantam.)

Canto: *Missão de todos nós* - Zé Vicente.

Orações do cristão

Pelo sinal da santa cruz, livrai-nos Deus, Nosso Senhor, dos nossos inimigos. Em Nome do Pai e do Filho e do Espírito Santo. Amém!

OFERECIMENTO DO DIA
Adoro-vos, meu Deus, amo-vos de todo o meu coração. Agradeço-vos porque me criastes, me fizestes cristão, me conservastes a vida e a saúde. Ofereço-vos o meu dia: que todas as minhas ações correspondam à vossa vontade, e que eu faça tudo para a vossa glória e a paz dos homens. Livrai-me do pecado, do perigo e de todo mal. Que a vossa graça, bênção, luz e presença permaneçam sempre comigo e com todos aqueles que eu amo. Amém!

PAI-NOSSO
Pai nosso que estais nos céus, santificado seja o vosso nome; venha a nós o vosso reino, seja feita a vossa vontade, assim na terra como no céu. O pão nosso de cada dia nos dai hoje; perdoai-nos as nossas ofensas, assim como nós perdoamos a quem nos tem ofendido; e não nos deixeis cair em tentação, mas livrai-nos do mal. Amém!

AVE-MARIA
Ave Maria, cheia de graça, o Senhor é convosco; bendita sois vós entre as mulheres, e bendito é o fruto do vosso ventre, Jesus. Santa Maria, Mãe de Deus, rogai por nós, pecadores, agora e na hora de nossa morte. Amém!

GLÓRIA
Glória ao Pai e ao Filho e ao Espírito Santo. Como era no princípio, agora e sempre. Amém!

SALVE RAINHA
Salve, Rainha, Mãe de misericórdia, vida, doçura e esperança nossa, salve! A vós bradamos os degredados filhos de Eva. A vós suspiramos, gemendo e chorando neste vale de lágrimas. Eia, pois, advogada nossa, esses vossos olhos misericordiosos a nós volvei, e depois deste desterro, mostrai-nos Jesus, bendito fruto do vosso ventre, ó clemente, ó piedosa, ó doce e sempre Virgem Maria.
– Rogai por nós, Santa Mãe de Deus!
– Para que sejamos dignos das promessas de Cristo. Amém!

SAUDAÇÃO À NOSSA SENHORA (no tempo comum)
– O anjo do Senhor anunciou a Maria.
– E ela concebeu do Espírito Santo.
Ave Maria...
– Eis aqui a serva do Senhor.
– Faça-se em mim segundo a vossa Palavra.
Ave Maria...
– E o Verbo se fez carne.
– E habitou entre nós.
Ave, Maria...

– Rogai por nós, Santa Mãe de Deus.
– Para que sejamos dignos das promessas de Cristo.

Oremos: Infundi, Senhor, como vos pedimos, a vossa graça em nossas almas, para que nós, que pela anunciação do anjo viemos ao conhecimento da encarnação de Jesus Cristo, vosso Filho, por sua paixão e morte sejamos conduzidos à glória da ressurreição. Pelo mesmo Cristo, Senhor nosso. Amém!

Para o tempo pascal: REGINA COELI (Rainha do Céu)
– Rainha do céu, alegrai-vos, aleluia.
– Porque quem merecestes trazer em vosso puríssimo seio, aleluia.
– Ressuscitou como disse, aleluia.
– Rogai por nós a Deus, aleluia.
– Exultai e alegrai-vos, ó Virgem Maria, aleluia.
– Porque o Senhor ressuscitou verdadeiramente, aleluia.

Oremos: Ó Deus, que vos dignastes alegrar o mundo com a ressurreição do vosso Filho Jesus Cristo, Senhor nosso, concedei-nos, vo-lo suplicamos, que por sua Mãe, a Virgem Maria, alcancemos os prazeres da vida eterna. Pelo mesmo Senhor Jesus Cristo. Amém!

ANJO DE DEUS, que sois a minha guarda, e a quem fui confiado por celestial piedade, ilumina-me, guardai-me, protegei-me, governai-me. Amém!

ANJO DA GUARDA
Santo Anjo do Senhor, meu zeloso guardador, se a ti me confiou a piedade divina, sempre me rege, guarda, governa e ilumina. Amém!

CREIO EM DEUS PAI todo-poderoso, criador do céu e da terra; e em Jesus Cristo, seu único Filho, nosso Senhor; que foi concebido pelo poder do Espírito Santo; nasceu da Vigem Maria, padeceu sob Pôncio Pilatos, foi crucificado, morto e sepultado. Desceu à mansão dos mortos; ressuscitou ao terceiro dia; subiu aos céus, está sentado à direita de Deus Pai todo-poderoso, donde há de vir a julgar os vivos e os mortos. Creio no Espírito Santo, na Santa Igreja Católica, na comunhão do santos, na remissão dos pecados, na ressurreição da carne, na vida eterna. Amém!

ORAÇÃO PARA VIVER BEM O DIA
Maria, minha querida e terna mãe, colocai vossa mão sobre a minha cabeça. Guardai a minha mente, meu coração e meus sentidos, para que eu possa agradar a vós e ao vosso Jesus e meu Deus e, assim, possa partilhar da vossa felicidade no céu. Jesus e Maria, dai-me a vossa bênção: Em nome do Pai e do Filho e do Espírito Santo. Amém!

ATO DE CONTRIÇÃO I
Meu Deus, eu me arrependo de todo o coração de vos ter ofendido, porque sois tão bom e amável. Prometo, com

a vossa graça, nunca mais pecar. Meu Jesus, misericórdia!

ATO DE CONTRIÇÃO II
Senhor, eu me arrependo sinceramente de todo mal que pratiquei e do bem que deixei de fazer. Pecando, eu vos ofendi, meu Deus e Sumo Bem, digno de ser amado sobre todas as coisas. Prometo, firmemente, ajudado com a vossa graça, fazer penitência e fugir das ocasiões de pecar. Senhor, tende piedade de mim, pelos méritos da paixão, morte e ressurreição de Jesus Cristo, Nosso Salvador. Amém!

ORAÇÃO PELA FAMÍLIA
Pai, que nos protegeis e que nos destes a vida para participarmos de vossa felicidade, agradecemos o amparo que os pais nos deram desde o nascimento. Hoje queremos vos pedir pelas famílias, para que vivam na união e na alegria cristãs. Protegei nossos lares do mal e dos perigos que ameaçam a sua unidade. Pedimos para que o amor não desapareça nunca, e que os princípios do Evangelho sejam a norma de vida. Pedimos pelos lares em dificuldades, em desunião e em perigo de sucumbir, para que, lembrados do compromisso assumido na fé, encontrem o caminho do perdão, da alegria e da doação. A exemplo de São José, Maria Santíssima e Jesus, sejam nossas famílias uma pequena Igreja, onde se viva o amor. Amém!

INVOCAÇÃO AO ESPÍRITO SANTO
Vinde, Espírito Santo, enchei os corações dos vossos fiéis e acendei neles o fogo do vosso amor. Enviai o vosso Espírito e tudo será criado, e renovareis a face da Terra.
Oremos: Deus, que instruístes os corações dos vossos fiéis com a luz do Espírito Santo, fazei que apreciemos retamente todas as coisas segundo o mesmo Espírito, e gozemos sempre de sua consolação. Por Cristo, Senhor Nosso. Amém!

CONSAGRAÇÃO A NOSSA SENHORA
Ó Senhora minha, ó minha Mãe, eu me ofereço todo(a) a vós, e em prova da minha devoção para convosco vos consagro neste dia e para sempre, os meus olhos, os meus ouvidos, a minha boca, o meu coração e inteiramente todo o meu ser. E porque assim sou vosso(a), ó incomparável Mãe, guardai-me e defendei-me como coisa e propriedade vossa.

ORAÇÃO PELAS VOCAÇÕES
Jesus, Divino Mestre, que chamastes os apóstolos a vos seguirem, continuai a passar pelos nossos caminhos, pelas nossas famílias, pelas nossas escolas e continuai a repetir o convite a muitos dos nossos jovens. Dai coragem às pessoas convidadas. Dai força para que vos sejam fiéis como apóstolos leigos, como sacerdotes, como religiosos e religiosas, para o bem do povo de Deus e de toda a humanidade. Amém!

Mandamentos

Os dez MANDAMENTOS DA LEI DE DEUS, são:

1. Amar a Deus sobre todas as coisas.
2. Não tomar seu santo Nome em vão.
3. Guardar domingos e festas.
4. Honrar pai e mãe.
5. Não matar.
6. Não pecar contra a castidade.
7. Não furtar.
8. Não levantar falso testemunho.
9. Não desejar a mulher do próximo.
10. Não cobiçar as coisas alheias.

Os Mandamentos da Igreja são:

1. Participar da missa nos domingos e nas festas de guarda.
2. Confessar-se ao menos uma vez ao ano.
3. Comungar ao menos na Páscoa da ressurreição.
4. Jejuar e abster-se de carne conforme manda a Igreja.
5. Contribuir com o dízimo e ajudar a Igreja em suas necessidades.

Os Mandamentos da Caridade são:

1. Amarás ao Senhor, teu Deus, de todo o teu coração, de toda a tua alma e de toda a tua mente.
2. Amarás o teu próximo como a ti mesmo.

Pecados Capitais

Os sete PECADOS CAPITAIS:
1. Gula
2. Vaidade
3. Luxúria
4. Avareza
5. Preguiça
6. Cobiça
7. Ira

Sacramentos

Os sete SACRAMENTOS:
1. Batismo
2. Crisma ou Confirmação
3. Eucaristia
4. Penitência ou Reconciliação
5. Ordem ou Sacerdócio
6. Matrimônio
7. Unção dos Enfermos

Referências

APOSTOLADO LITÚRGICO. *Ofício Divino das Comunidades*. São Paulo: Paulus, 1994.

Bíblia Sagrada. São Paulo: Paulus, 1990 [Ed. Pastoral].

Bíblia do peregrino. São Paulo: Paulus, 2002.

BUYST, I. *A missa memória de Jesus no coração da vida* – Equipes de liturgia/4. Petrópolis: Vozes, 1997.

Catecismo da Igreja Católica. São Paulo: Loyola, 2012.

CELAM. *Manual de catequética*. São Paulo: Paulus, 2007.

CENTRO CATEQUÉTICO DIOCESANO, Diocese de Osasco. *Livro do Catequista*: fé, vida, comunidade. 2. ed. São Paulo: Paulus, 2005.

CNBB. *Liturgia em mutirão* – Subsídios para formação litúrgica I. Brasília: Edições CNBB, 2007.

_____. *Liturgia em mutirão* – Subsídios para formação litúrgica II. Brasília: Edições CNBB, 2007.

_____. CNBB. *Diretório Nacional de Catequese*. Brasília: Edições CNBB, 2006. [Documento 84].

_____. *Queremos ver Jesus Caminho, Verdade e Vida* – Roteiros homiléticos. São Paulo: Paulus, 1999 [Projeto Nacional de Evangelização].

GUIMARÃES, M. & CARPENEDO, P. *Dia do Senhor* – guia para as celebrações das comunidades: Ciclo ABC. São Paulo: Paulinas; Apostolados litúrgicos, 2002.

Conecte-se conosco:

 facebook.com/editoravozes

 @editoravozes

 @editora_vozes

 youtube.com/editoravozes

 +55 24 99267-9864

www.vozes.com.br

Conheça nossas lojas:

www.livrariavozes.com.br

Belo Horizonte – Brasília – Campinas – Cuiabá – Curitiba
Fortaleza – Juiz de Fora – Petrópolis – Recife – São Paulo

EDITORA VOZES LTDA.
Rua Frei Luís, 100 – Centro – Cep 25689-900 – Petrópolis, RJ
Tel.: (24) 2233-9000 – E-mail: vendas@vozes.com.br